Bienvenue dans les îles Anglo-Normandes

COVID-19
Toutes les adresses et informations pratiques de ce guide ont été vérifiées avant impression. L'étendue des répercussions de la pandémie de Covid-19 sur le secteur touristique n'étant encore pas connue au moment de la rédaction, il est néanmoins possible que certaines informations ne soient plus exactes à parution de ce guide.

Corbière Point (Jersey).
Alan_Lagadu/istock

Arriver dans les îles

EN AVION

Aéroport de Jersey

Au sud-ouest de l'île, à St Brelade - ✆ + 44 (0) 1534 446 000 - www.jerseyairport.com.
Bus – Aéroport-Liberation Station, à St Helier (terminus) : ligne 15 (www.libertybus.je) - 6h-23h20 (lun.-sam. ttes les 15 à 45mn, dim. ttes les 20 à 60mn) - durée 30mn - 2 £.
Taxis – 12 £ env. pour St Helier (aller).

Aéroport de Guernesey

À 7 km de St Peter Port - ✆ + 44 (0) 1481 237 766 - www.airport.gg.
Bus – Service régulier vers les principales localités de l'île (www.buses.gg). Aéroport-St Peter Port (terminus) : 20mn - 1 £ (aller simple, quelle que soit votre destination).
Taxis – Vers St Peter Port *(réserv. conseillée)* : A & S Taxis – ✆ 07781 125 544 ; Island Taxis – ✆ 01481 700 500.

Aéroport d'Aurigny

Alderney Airport – Premier aéroport de l'archipel (1936).
Taxis uniquement : ✆ 01481 824 182.

EN BATEAU

À Jersey

Débarcadère principal à St Helier.
Elizabeth Terminal – Embarcadère de la compagnie Condor ferries (www.condorferries.fr) vers Guernesey, la Grande-Bretagne (Poole et Portsmouth) et St-Malo. Nombreux services : taxis, location de voiture, change, cafétéria, presse, etc.
Albert Pier – Compagnie Manche Îles Express (www.manche-iles.com), pour Guernesey, Sercq, Carteret et Granville).

À Guernesey

Débarquement à St Peter Port, sur New Jetty : **St Julians Pier**. Services de taxis, location de voiture, petite cafétéria et souvenirs.

À Aurigny

Point d'accostement à **Braye Harbour** pour tous les bateaux en provenance de Cherbourg, Diélette et Guernesey.

Liaisons inter-îles

Par avion ou bateau, ☛ *p. 105.*

Attention aux marées...
Les jours et heures des traversées vers les îles Anglo-Normandes sont tributaires des marées et de la météo. Au moment de votre réservation, il vous sera demandé de fournir un numéro de téléphone où vous contacter en cas de changement d'horaires ou de retard.
Pensez à téléphoner.
Si vous n'êtes pas joignable, contactez la compagnie quelques heures avant le départ.

Sercq.
Arndale/iStock

Les immanquables

notre sélection des plus beaux sites

Jersey, **Château Mont-Orgueil★★**, p. 26

Guernesey, **Icart Point★★**, p. 49

Sercq, **la Coupée★★★**, p. 62

Guernesey, **St Peter Port★★**, p. 38

Guernesey, **Côbo Bay★★**, p. 52

Herm, **le sentier côtier★**, p. 56

Jersey, **Durrell Wildlife Park★★**, p. 29

Jersey, **pointe de la Corbière★★**, p. 34

Jersey, **Jersey War Tunnels★★**, p. 31

Aurigny, **Clonque Bay★**, p. 70

★★ JERSEY

Nos coups de cœur

S'émouvoir devant la Tapisserie de l'Occupation de St Helier (Jersey), une œuvre collective qui évoque cinq années de souffrances et de privations, et renoue avec une vieille tradition normande, celle de la tapisserie de Bayeux. *Voir p. 18.*

Goûter à la piscine d'eau de mer du Havre des Pas à St Helier (Jersey) : accessible par une passerelle, ce complexe nautique bâti en 1895 a gardé un délicieux charme vintage. À défaut de se baigner, on peut aussi y boire un verre en été. *Voir p. 22.*

FLPA/John Eveson/age fotostock

La campagne de Jersey, avec les célèbres vaches.

Plonger dans le grand bleu à Plemont Bay (Jersey), puis se souvenir, en remontant les marches vers la falaise, du *cream tea* et de la vue qui vous attendent dans le café en haut... *Voir p. 36.*

Retrouver trace du passé normand de Jersey, autour de la petite chapelle décorée de fresques de St Brelade, parmi les noms gravés sur les pierres tombales... *Voir p. 34.*

S'étonner devant les paysages oniriques de St Clement's Bay (Jersey) lorsque la marée basse dévoile une mer de récifs déchiquetés tapissés d'algues. *Voir p. 25.*

Découvrir le vignoble à la Mare Wine Estate (Jersey), inattendu sous ces latitudes. Et, ne serait-ce que par curiosité, goûter le vin blanc ou rouge produit sur les lieux. *Voir p. 36.*

Parcourir à vélo l'ancienne voie de chemin de fer, entre St Aubin et Corbière Point (Jersey), transformée en verdoyante piste cyclable, à l'ombre des pins. *Voir p. 32.*

Acheter un exemplaire des « Travailleurs de la Mer » de Victor Hugo à St Peter Port (Guernesey) et, le roman en main, visiter ou visualiser les sites évoqués... *Voir p. 43.*

Marcher sur les traces de Renoir à Moulin Huet Bay (Guernesey) ; fasciné

Travel Pix Collection/Agency Jon Arnold Images/age fotostock

St Aubin, Jersey.

par la lumière, le peintre y peignit une quinzaine de toiles. *Voir p. 48*.

Jouer au promeneur solitaire sur le sentier côtier d'Herm, de Shell Beach à Belvoir Bay en passant par les falaises. *Voir p. 58*.

Apprécier le calme et la tranquillité de Sercq en parcourant les chemins qui mènent à la fameuse Coupée, et se poser dans le jardin d'un *cottage* pour déguster le chocolat fait maison. *Voir p. 59*.

Pédaler le long des murets d'une « ruette tranquille » de Guernesey, dans cette campagne si verte, si ordonnée et si paisible, que l'on dirait un jardin. *Voir p. 38*.

Prendre le métro de Londres! Eh oui, le fameux *tube* londonien a exporté deux anciens wagons vers Aurigny, pour conduire les passagers du port au phare de Mannez. *Voir p. 65*.

Se recueillir au Hammond Memorial d'Aurigny, en souvenir des travailleurs forcés, issus de toute l'Europe, déportés sur l'île par les nazis. *Voir p. 66*.

S'envoler à bord de l'un des minuscules avions jaunes qui sautent d'île en île : l'impression d'imiter les pionniers de l'aviation ! *Voir p. 105*.

Jersey en 2 jours

JOUR 1

Matin

Après un tour dans les rues piétonnes de **St Helier★** *(p. 16)*, autour du marché central, cap à l'est en suivant la côte : vous admirerez (si la marée est basse) le paysage étrange des rochers de **St Clement's Bay** *(p. 25)*, avant d'arriver au port de **Gorey★**, dominé par l'impressionnant château **Mont-Orgueil★★** *(p. 26)*.

Midi

Déjeuner sur les quais de Gorey : pourquoi pas un sandwich au crabe ?

Après-midi

Un bref détour dans la campagne pour découvrir le site de **La Hougue-Bie★** *(p. 28)*, où préhistoire et histoire se télescopent. Après quoi, vous longerez la belle **St Catherine's Bay★** *(p. 28)*. Il faudra alors entrer à l'intérieur des terres : arrêt obligé dans l'adorable port de la **baie de Rozel★** *(p. 37)* avant la visite du superbe **Durrell Wildlife Park★★** *(p. 29)*. Ensuite, selon vos centres d'intérêt, découvrez le sympathique **Pallot Steam Motor & General Museum** ou le **Hamptonne Country Life Museum** *(p. 30)* avant de descendre sur la côte sud et de gagner l'agréable station balnéaire de la **baie de St Aubin★** *(p. 32)*.

Soir

Nuit à St Aubin, et dégustation de produits de la mer : poissons, huîtres et, avec de la chance, ormeaux…

JOUR 2

Matin

Rejoignez vers l'ouest la localité de **St Brelade★** *(p. 34)*, et sa baie dotée d'une belle plage de sable fin. Les plus courageux, au plus fort de l'été, ne résisteront pas à l'attrait d'une baignade ! Ne manquez surtout pas la chapelle des Pêcheurs et ses **fresques★,** avant de gagner la spectaculaire **pointe de la Corbière★★** *(p. 34)*. Remontez ensuite vers le nord par la « longue » **St Ouen's Bay** *(p. 35)*.

Midi

Déjeuner face à la mer à la **grève de Lecq★** *(p. 36)*.

Après-midi

Pour digérer, rien de tel que d'explorer les falaises du nord : une petite marche vous conduira au **Devil's Hole★** *(p. 36)*. Vous prendrez ensuite la route du sud en faisant un petit détour par les **Jersey War Tunnels★★** *(p. 31)*, émouvante évocation des années d'occupation.

Soir

Dîner et nuit à St Helier.

Sans voiture

Si vous ne souhaitez pas louer de voiture, l'île se découvre facilement en bus grâce à l'excellent réseau qui maille tout le territoire (☛ p. 120), ou, pour les sportifs, à vélo (☛ p. 121) et à pied (☛ p. 117).

Guernesey en 3 jours

JOUR 1

Matin

La journée sera consacrée à la capitale de l'île, **St Peter Port★★** *(p. 38)*. Vous parcourerez notamment **The Pollet**, et **High Street**, l'axe commerçant du centre-ville, jusqu'à l'église **St Peter's★**, contemporaine de Guillaume le Conquérant, puis arpenterez l'**Esplanade** qui longe le port perpétuellement animé. Une digue mène au massif **Castle Cornet★** et ses musées *(p. 42)*.

Midi

Retour au centre pour le déjeuner.

Après-midi

Place à Victor Hugo et à sa célèbre **Hauteville House★★** *(p. 43, réservez votre visite)* où lé génie hugolien se manifeste de façon spectaculaire. Le *look-out* que s'était aménagé l'artiste (et où il a écrit une partie de son œuvre) fera sans aucun doute bien des envieux ! Vous retrouverez le poète statufié dans les ravissants **Candie Gardens** *(p. 41)* : l'occasion de prendre le thé dans le kiosque posé devant le **musée de Guernesey** *(p. 41)*. Et en guise de balade apéritive, d'un coup de voiture (ou de bus), gagnez

Arndale/iStock

Vue sur St Peter Port, Guernesey.

Moulin Huet Bay★ *(p. 48)* sur les traces d'un autre Français, le peintre Pierre-Auguste Renoir.

▶ ***Soir***
Dégustation de poissons sur le port, suivie d'un peu de musique *live* dans un pub.

JOUR 2

▶ ***Matin***
Il est temps de partir à la découverte de l'« île verte ». Quittez St Peter Port vers le sud pour explorer les **Hautes Terres** : arrêts obligatoires à **St Martin's Point★★** et **Icart Point★★** *(p. 49)* pour des vues sublimes sur la côte déchiquetée. Puis, cap sur Forest (les curieux feront un détour par la **Little Chapel★**, *p. 47).*

▶ ***Midi***
On trouve plusieurs restaurants et pubs autour de Forest.

▶ ***Après-midi***
Prenez la direction de **Torteval** et gagnez **Portelet**, son agréable port et **Pezeries Point★★** *(p. 51)*. Vous longerez ensuite **Rocquaine Bay★** avec un arrêt à Fort Grey pour visiter le **Shipwreck Museum** qui évoque les nombreux naufrages survenus en ces lieux *(p. 51)*.

▶ ***Soir***
Dîner et nuit dans une auberge à St Saviour, en pleine campagne.

JOUR 3

▶ ***Matin***
Cap au nord avec le dolmen du **Creux-ès-Faies**, et, si la marée le permet, un tour sur **l'île de Lihou**, propice à la baignade *(p. 52)*. Après la visite de la chapelle **St Apolline's★** (fresque), vous longerez la côte Nord : **Vazon Bay★** et surtout **Côbo Bay★★** *(p. 52)*, avec ses rochers de granit rose... nouvelle occasion (en été bien entendu) de se baigner.

▶ ***Midi***
Déjeuner face à la mer à Côbo Bay.

▶ ***Après-midi***
Vous pouvez continuer le tour de l'île et rentrer à St Peter *via* **Vale Castle★** *(p. 54)*. Mais vous pouvez aussi obliquer vers le beau **Saumarez Park★** *(p. 44)* et visiter le passionnant **Guernsey Folk and Costume Museum** *(p. 46)*.

▶ ***Soir***
Dîner et nuit à St Peter Port.

Jour 4 : un saut dans les îles

À partir du port de St Peter, une brève traversée en bateau permet de gagner ***Herm★*** *– qui préserve jalousement sa tranquillité – et d'en faire le tour par le sentier côtier. À peine un peu plus loin,* ***Sercq★★*** *séduit par ses paysages variés, la convivialité de son village (La Collinette) et son isthme spectaculaire, la Coupée. Celle-ci conduit au Venus Pool, qui n'attend que vous ! Enfin, on avoue une tendresse particulière pour* ***Aurigny*** *(qu'il faut gagner d'un coup d'aile), ses paysages tourmentés battus par les vents et les flots, et son air de bout du monde. St Anne, sa petite « capitale », affiche un air victorien presque incongru dans un tel environnement.*

Jersey ou Guernesey en 1 jour sans voiture

UN JOUR À JERSEY

Matin

Les navettes des bateaux vous déposeront à **Liberation Square**. Après un café sur la place, prenez un pass pour la journée *(p. 120)* au terminal des bus, et empruntez la ligne 1 qui longe la côte vers l'est de l'île. Regardez le paysage et repérez une plage où vous pourriez vous arrêter au retour. Descendez au terminus, à Gorey *(30mn de trajet)* où s'impose la visite du majestueux **Château Mont-Orgueil★★** pour le site lui-même... mais aussi la vue du haut de son promontoire rocheux *(p. 26)*

Midi

Déjeunez à **Gorey★** face à la mer. Promenade digestive dans ce port pittoresque, avec ses jolies maisons anciennes et ses boutiques *(p. 25)*.

Après-midi

Reprenez la ligne 1 pour revenir vers St Helier. Sachant que les navettes passent toutes les 15mn, n'hésitez pas à descendre quelques minutes en bord de mer à **Green Island**, l'une des plages les plus accessibles, ou au **Havre des Pas★**, avec son complexe nautique *vintage* et sa surprenante piscine d'eau de mer *(p. 22)*. Vous arriverez assez tôt à **St Helier★** pour une balade en ville et un thé (ou une rapide expédition shopping) dans les rues commerçantes autour de King St.

UN JOUR À GUERNESEY

Matin

À peine débarqué, prenez d'assaut un des pubs de **St Peter Port★★** *(p. 38)* comme le *Christies* pour un *full English breakfast* avec vue. Longez le front de mer et montez vers **Hauteville House★★** *(p. 43)*, la merveilleuse maison-musée de Victor Hugo, pour une visite guidée *(1h, réserv. conseillée)* ou juste flâner dans son jardin.

Midi

Redescendez vers le terminal de bus sur le port et empruntez la ligne 42 *(1 £)* qui vous emmènera en 20mn à la plage. Descendez à **Vazon Bay★** et arpentez tranquillement la côte jusqu'à **Côbo Bay★★** *(p. 52)* où vous pourrez déjeuner d'un *fish & chips* sur la plage.

Après-midi

La ligne de bus 92 vous ramènera à la capitale après une boucle vers le sud, par le promontoire de **Pleinmont Point★** *(p. 50)*, où vous pourrez faire halte, et par **Sausmarez Manor★** et **Fermain Bay** *(p. 48)*, le long des falaises boisées souvent empruntées (et décrites) par Victor Hugo *(p. 43)*. De retour à **St Peter Port★★** *(p. 38)* à temps pour votre bateau, flânez le long du front de mer et sur les hauteurs de cette (petite) ville.

Visiter les îles

Corbière Point (Jersey).
Arndale/iStock

Les îles Anglo-Normandes aujourd'hui

Dépaysement garanti !

Une barque au doux nom de « jour joli », une demeure baptisée « Compagnon de voyage », des voies prénommées « rue de la Guillaumerie » ou « route des sages »... Ici, le charme de la toponymie française répond à l'élégance de l'esprit britannique, tout en flegme mâtiné de « *humor* ». En débarquant sur les îles, vous passez dans **une autre dimension**, celle d'un imaginaire franco-anglais ! Vous plongez aussi dans **un autre espace-temps** : sur les dernières terres du duché de Normandie (avec pour duc la reine d'Angleterre), la notion des distances se perd en effet facilement – certaines îles se découvrent fort bien à pied, et toutes se parcourent à vélo, même si l'on se rend compte qu'elles sont plus vallonnées qu'il n'y paraît !

Ni tout à fait d'hier, ni tout à fait d'aujourd'hui

Aussi vertes que sereines, les campagnes donnent l'illusion de se glisser comme par effraction dans un monde inchangé depuis des siècles : fermes paisibles, champs fleuris et troupeaux tournant la tête à votre passage ; cimetières où les noms français gravés sur les stèles rappellent un coin de Normandie profonde ; *honesty boxes* où vous déposez quelques livres dans la boîte en échange du bouquet de fleurs ou du sac de pommes de terre proposé à la vente.

Pourtant, **les temps ont changé**, ici comme ailleurs : les *honesty boxes* sont désormais cadenassées et les M. Le Sueur ou Mme Le Page que vous croiserez ne comprennent presque plus la langue de leurs ancêtres.

Pour Jersey comme pour « les îles de Guernesey » (nouvelle dénomination de l'archipel incluant également Sercq, Herm, Aurigny et Lihou), le moteur économique – tourisme et surtout

C. Chaudeau/Michelin

« Wonderful Holiday » à Guernesey.

finance –, a modifié non seulement les paysages, mais aussi la population elle-même, désormais en grande partie originaire des îles britanniques. Il est donc loin, le temps où Victor Hugo pouvait passer quinze ans dans les îles Anglo-Normandes sans parler un seul mot d'anglais... Un espoir cependant, l'Alliance française connaît un succès toujours plus grand et un accord avec l'université de Caen va permettre aux insulaires d'y étudier gratuitement! En attendant, ici, on roule à gauche; les conducteurs sont d'une extrême courtoisie; les pubs traditionnels, avec moquette et murs lambrissés, où l'on sert un *steak and kidney pie*, fleurissent; et le matin, on se régale d'un somptueux *breakfast* qui permet d'attendre sereinement l'heure du déjeuner...

L'ombre de la guerre

Les îles recèlent aussi une face plus sombre. Les falaises abruptes battues par les rouleaux d'une mer volontiers déchaînée renvoient les images des nombreux naufrages qui ont endeuillé ces côtes. Mais, ce qui surprend peut-être le plus, ce sont toutes ces **fortifications** visant à faire de l'archipel un bastion inexpugnable : les formidables citadelles médiévales de Mont-Orgueil, Castle Cornet ou Elizabeth Castle élevées pour parer à toute velléité française de reprendre les îles au souverain anglais; les nombreuses tours Martello et autres redoutes destinées à les protéger d'une éventuelle incursion napoléonienne; et surtout ces bunkers, murs anti-chars et blockhaus que les occupants allemands ont dressés sur le moindre relief côtier, faisant ainsi de ces petites îles un verrou du fameux mur de l'Atlantique. Car les îles, laissées à l'envahisseur en 1940, connurent en effet l'**Occupation** et ne furent libérées qu'au lendemain de l'armistice (9 mai 1945). Cette période traumatisante, pendant laquelle les insulaires durent composer avec l'ennemi et déployer des trésors d'imagination pour se nourrir et survivre, tourna au drame avec les centaines de travailleurs forcés déportés, sur Aurigny en particulier, et employés dans des conditions épouvantables aux chantiers de l'armée allemande. Nombre d'entre eux périrent, et les îles rendent aujourd'hui hommage à ces martyrs de la barbarie nazie.

Un monde à part

Vous allez donc découvrir un monde plus complexe qu'il n'y paraît : plus anglais que normand, même s'il cultive la nostalgie des coutumes d'antan; à la fois paysan et maritime; fier de ses institutions héritées du vieux droit normand et des privilèges accordés par les souverains anglais successifs, mais néanmoins inséré dans la modernité; mariant un charme désuet aux dernières innovations technologiques.

Vous serez aussi séduit par ces îles à la végétation généreuse, ces jardins fleuris amoureusement entretenus, nichés derrière les murets... Alors, laissez-vous aller sur une de ces terrasses ensoleillées, en dégustant, face à la mer, un sandwich au crabe, ou un *cream tea* accompagné d'une gâche recouverte d'une généreuse couche de beurre jaune.

Jersey★★

Son climat exceptionnel dû à l'influence du Gulf Stream a valu à Jersey le surnom ô combien mérité d'« île aux fleurs ». Dès le printemps, puis à la saison estivale, orchidées, camélias, mimosas, jonquilles et œillets s'en donnent ici à cœur joie. Cette explosion de couleurs atteint chaque année son point d'orgue en août, à l'occasion de la Bataille des fleurs. Charme britannique et traditions normandes se conjuguent sur ces terres où le français est toujours langue officielle aux côtés de l'anglais (voyez les billets de banque) et où se plaisent les « crapauds »... un sobriquet donné aux Jersiais par leurs voisins guernesiais. Si la superficie de l'île est tout juste supérieure à celle de la ville de Paris, la palette de ses paysages et de ses atmosphères n'en est pas moins variée et vous enchantera, de l'animation quasi métropolitaine de St Helier aux solitudes des côtes du Nord, sauvages et désertées...

▶ **Accès :** en bateau par le port de St Helier, toute l'année au départ de St-Malo et en saison à partir du Cotentin ; en avion *via* Londres (*p. 3 et 104*).

Plan de St Helier p. 19. Carte de l'île sur plan détachable.

▶ **Conseil :** visitez St Helier à pied, puis partez 2 jours à la découverte de l'île. Vous pourrez loger sur la côte à St Aubin, St Brelade, à la grève de Lecq ou Rozel.

▶ **S'informer :** Office de tourisme à l'entrée du Jersey Museum, *p. 114.*

« Nos adresses » p. 74, p. 86, p. 90, p. 94, p. 96.

ST HELIER★

(Saint-Hélier)

La capitale de l'île doit son nom au saint qui débarqua non loin de là au 6e s. et vécut en ermite pendant quinze ans, avant de périr assassiné par des pirates. Elle prit son essor en 1600 lorsque le gouverneur, jusque-là établi à Mont-Orgueil, décida de s'installer dans Elizabeth Castle.
En débarquant du ferry, le décor est planté : des immeubles en verre accueillent le visiteur, symboles de la prospérité de l'île, passée maîtresse dans l'art de la finance. Mais au-delà de ces quelques pâtés d'architecture récente, on découvre une cité vivante qui a conservé son patrimoine plein de charme. Bordée de deux plages splendides et accessibles à pied, la ville invite d'emblée à la baignade ou au moins à une balade en bord de mer. Et par temps plus maussade, ses musées, rues commerçantes et autres pubs valent aussi le détour.

Liberation Square

A2 Longtemps négligé, le **quartier du port** s'est offert une nouvelle jeunesse avec l'implantation d'un quartier moderne, assez controversé, sur des terrains en partie gagnés sur la mer. Symbole de ce renouveau, Liberation Square, où un bronze inauguré en 1995 célèbre la libération

de l'île, sert de parvis à l'ancienne gare, reconvertie aujourd'hui en petit centre commercial, le **Liberty Wharf**. Donne aussi sur la place un hôtel « historique », **La Pomme d'Or**, jadis quartier général de l'occupant. Une plaque rappelle que Victor Hugo y dormit bien avant, à son arrivée à Jersey le 5 août 1852, au début de son exil dans les îles Anglo-Normandes. À deux pas, sur **Weighbridge Place**, les joueurs de pétanque investissent chaque jour le terrain qui leur est consacré pour des parties menées avec flegme, silence et concentration.

Maritime Museum and Occupation Tapestry Gallery

A2 *New North Quay - ✆ 01534 811 043 - www.jerseyheritage.org - ♿ - de mi-mars à déb. nov. : 10h-17h; reste de l'année : se rens. - 10,60 £ (6-16 ans 7 £); billet famille 31,50 £.*
Ces deux musées ont été aménagés dans des docks réhabilités.
Tapisserie★ – Sur le même mode que la tapisserie de Bayeux, celle de l'Occupation relate, à travers 12 panneaux très colorés, les principaux épisodes de l'occupation allemande des îles; chacune des 12 paroisses de Jersey en a pris un en charge. Cette œuvre, qui a nécessité quatre ans de travail pour 228 brodeuses, fut achevée en 1995. L'émotion l'emporte face à cet ouvrage collectif évoquant des heures sombres qui ont marqué les habitants.
Maritime Museum – Ce musée didactique et ludique ravira les enfants de tous âges qui en profiteront pour étudier le mouvement des marées, des vagues et du vent, ou prendre un cours de *jersié* maritime. Rien de ce qui touche à la mer et à la navigation n'est oublié.

Jersey Museum & Art Gallery★

A2 *The Weighbridge ✆ 01534 633 300 - www.jerseyheritage.org - ♿ - de mars à déb. nov. : 9h-17h, dim. 10h-17h; reste de l'année : se rens. - 10,60 £ (6-16 ans 7 £); billet famille 31,50 £.*

SE RESTAURER
- Aromas 6
- Banjo 35
- Bohemia 29
- Bastille Brasserie 15
- Café Ubé 33
- Drifters 7
- Hectors 38
- Hugo's 32
- Mange Tout 36
- Marks & Spencer 31
- Roseville Bistro 19
- Saffrons 11
- Sirocco 28
- Thai Dicq Shack 34
- The Cornish Bakery 30
- The Lamplighter 1
- The Lovin' Spoonful 37

PRENDRE UN VERRE
- Bean Around The World 9
- Café Zephyr 7
- The Blind Pig 10
- The Peirson 2

SHOPPING
- British Red Cross 12
- Jersey Pottery 7
- Maison La Mare 1
- The Spice House 13
- Top Shop 14

SORTIR
- Chambers 6
- Jersey Art Center 11
- The Drift 4
- The Waterfront Centre 2

SE LOGER
- Alister Guest House 3
- De L'Etang 4
- Hotel De Normandie 10

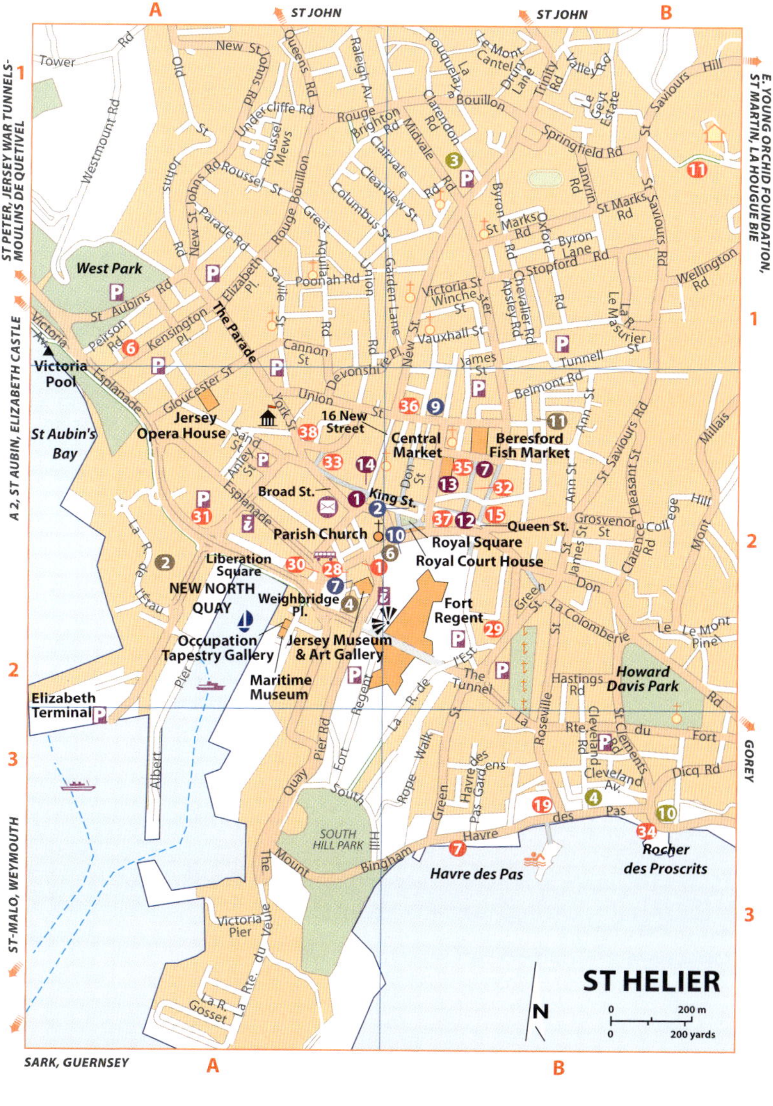

ST HELIER
ST JOHN
ST JOHN
E. YOUNG ORCHID FOUNDATION, ST MARTIN, LA HOUGUE BIE
ST PETER, JERSEY WAR TUNNELS-MOULINS DE QUETIVEL
A 2, ST AUBIN, ELIZABETH CASTLE
ST-MALO, WEYMOUTH
SARK, GUERNSEY
GOREY
West Park
Victoria Pool
St Aubin's Bay
Jersey Opera House
16 New Street
Central Market
Beresford Fish Market
Broad St.
King St.
Queen St.
Parish Church
Royal Square
Royal Court House
Liberation Square
NEW NORTH QUAY
Weighbridge Pl.
Fort Regent
Occupation Tapestry Gallery
Jersey Museum & Art Gallery
Maritime Museum
Elizabeth Terminal
SOUTH HILL PARK
Havre des Pas
Rocher des Proscrits
Howard Davis Park
Victoria Pier
The Parade
Esplanade
Gloucester St
Sand St
Union St
Cannon St
Devonshire Pl.
Kensington Pl.
St Aubins Rd
Peirson Rd
Victoria Av.
Westmount Rd
Tower Rd
Old St Johns Rd
New St Johns Rd
Queens Rd
Raleigh Av.
Undercliffe Rd
Roussel St
Roussel Mews
Rouge Bouillon
Great Union Rd
Savile St
Poonah Rd
Aquila Rd
Garden Lane
Clarendon Rd
Midvale Rd
Clairvale Rd
Clearview St
Columbus St
Brighton Rd
La Pouquelaye
Bouillon
Le Mont Cantel
Drury Lane
Trinity Rd
Valley Rd
Le Geyt Estate
Springfield Rd
St Saviours Hill
St Saviours Rd
Janvrin Rd
Byron Rd
St Marks Rd
Oxford Rd
Byron Lane
Stopford Rd
Victoria St
Winchester St
Chevalier Rd
Apsley Rd
Vauxhall St
New St.
James St
Belmont Rd
Tunnell St
Le Masurier
Wellington Rd
Ann St
Don St
Pleasant St
Millais
Grosvenor St
College Hill
Clarence Rd
Mont Millais
Don Rd
Green St
La Colomberie
Le Mont Pinel
Hastings Rd
Rte. du Fort
Roseville St
Cleveland Rd
St Clements Rd
Cleveland Av.
Dicq Rd
Havre des Pas Gardens
Green St
Rope Walk
La R. de l'Est
The Tunnel
South Hill
Mount Bingham
Fort Regent Rd
Pier Rd
Quay
Albert Pier
La R. de l'Etau
Anley St
York St
The Rte. du Veule
La R. Gosset
Parade Rd
Elizabeth Pl.
N
0 200 m
0 200 yards
A
B
1
2
3

Le musée de Jersey est installé dans une ancienne maison de négociant **(Merchant's House)** bâtie contre des entrepôts du 18e s. On y découvre l'intérieur d'une demeure de marchand du milieu du 19e s., qui a conservé son éclairage à la lampe à huile. Cette reconstitution très complète laisse apparaître un subtil désordre qui donne l'impression que les habitants viennent de s'absenter pour faire leurs courses dans King Street... Au 1er étage, place à une muséographie moderne pour découvrir toutes les facettes de la vie de Jersey : on y apprend en particulier le fonctionnement du système politique jersiais sans aucun parti officiel ! Vous pourrez y entendre également le parler local aujourd'hui perdu, un patois français mâtiné d'accent britannique. Cartes historiques, reconstitutions et dioramas, objets originaux, affiches et photos retracent, comme dans un kaléidoscope, le passé des insulaires. Quelques objets terrifiants, comme ce « manège de discipline » *(treadmill)*, sorte de grande roue à aubes servant à faire fonctionner un moulin à poivre, qu'actionnaient 12 prisonniers enchaînés : on ne plaisantait pas, au 19e s., à la prison de St Helier !

Au 2e étage, la **galerie d'art** Barreau-Le Maistre est investie chaque mois par des expositions présentant des artistes locaux.

Parish Church

A2 Par Mulcaster Street (jetez un coup d'œil amusé sur la façade du pub on ne peut plus kitsch et colorée de **The Lamplighter**, *p. 74*), vous atteindrez cet édifice du 11e s., construit en pierre de granit et remanié depuis, comme l'attestent les fenêtres qui atténuent son aspect austère d'origine. Dans le bras droit du transept, un plan du « bancage » (places nominatives) de l'église datant de 1868 : chaque paroissien devait payer sa place, et plus sa contribution était élevée, plus il se trouvait près de l'autel.

Royal Square

B2 L'ancienne place du Marché accueillait jadis le pilori où l'on exposait à la vindicte des foules les malandrins et autres voleurs. C'est aujourd'hui une place charmante et ombragée, bordée de tavernes, et décorée par la statue dorée du roi George II en empereur romain.

Royal Court House – Édifié en 1866, le **palais de justice** borde le côté sud de la place. Sur la façade, une plaque honore **Robert Wace** (12e s.), auteur

Prendre Church Street ou la rue Trousse-Cotillon ?

Si St Helier est indéniablement une cité très « british », certaines de ses plaques ont conservé leur nom français d'origine, souvent plus « parlant » que leur version anglaise. On s'amusera à les repérer au détour des rues, en convenant aisément que Church Street rend moins bien la truculence médiévale de « rue Trousse-Cotillon ». Mentions spéciales aussi à l'artère commerçante King Street (anciennement « rue de derrière »), Snow Hill (« Pompe de haut ») ou New Cut (« le Coin-es-ânes »), entre autres...

des chansons de geste fondatrices de la littérature normande.
À gauche du palais se dresse la **salle des États (States Chambers)**, siège de l'assemblée législative de l'île, où le public peut assister le mardi aux débats.
Cette esplanade est aussi un lieu chargé d'histoire et d'émotion puisqu'il s'y déroula, le 6 janvier 1781, la bataille de Jersey. Le **major Peirson** fut tué devant le pub qui porte son nom. Quant au baron de Rullecourt, il mourut des suites de ses blessures à l'intérieur. Témoins muets, les murs portent encore des traces des balles échangées ce jour-là.

Autour du marché central

AB2 En vous glissant le long du Peirson Pub, vous accéderez aux voies piétonnes, **King Street** ***(AB2)*** et **Queen Street** ***(B2)***, qui composent un axe commercial où se succèdent banques, boutiques et grands magasins : une certaine animation y règne, du moins jusqu'à la fermeture des boutiques, c'est-à-dire 17h30 (ou 19h le jeudi).
Croisant cette artère, Halkett Place ouvre sur le **marché central**★ *(**B2** - tlj sf dim. 7h30-17h30, jeu. 7h30-14h30)*, une halle couverte, de style victorien à ossature métallique, bâtie en 1822. Les étalages, garnis de victuailles ou de fleurs coupées, ne manquent pas d'attraits. Mais vous y trouverez aussi un brocanteur, un bijoutier ou encore un rémouleur, ainsi qu'un café et un salon de thé.
Jalonnées de petits restaurants et cafés, les rues adjacentes sont agréablement animées, notamment Beresford Street, où les étals du **Beresford Fish Market** *(**B2** - mêmes horaires que pour le marché central)* débordent de poissons, crabes, langoustes, homards et fruits de mer en tout genre... Quelques comptoirs permettent de s'attabler sur place.
Avant de rejoindre Broad Street, suivez King Street et tournez à droite pour aller au **16 New Street** ***(A2)***. À l'intérieur de cette maison flotte une odeur alléchante en provenance de la cuisine d'époque : la maîtresse de maison vous invitera à la visiter et à goûter au gâteau qu'elle a préparé. Une intéressante immersion sonore et olfactive dans l'atmosphère d'un hôtel particulier de style Regency *(☎ 01534 483 193 - www.nationaltrust.je - mai-oct. : merc.-vend. 10h-16h - 6 £, enf. 3 £)*.
Tout aussi commerçante et animée que King Street, **Broad Street** ***(A2)*** est ornée d'une pyramide à la gloire de Peter Le Sueur, élu à cinq reprises connétable de la paroisse au début du 19e s. Cette pyramide permet d'accéder à la **Salle paroissiale** (1870), siège de l'administration municipale de St Helier.

The Parade

A1 Tout au bout, Broad Street s'élargit pour dessiner une large place, qui fut jadis le théâtre des défilés de la garnison locale. Ombragé d'arbres majestueux, le terre-plein central est ponctué d'un énorme mémorial d'allure très belliqueuse, dédié au général **George Don** (1756-1832), gouverneur de l'île pendant toute la période napoléonienne, avant d'être nommé à Gibraltar.

Par Gloucester Street où se dresse le **Jersey Opera House**, vous gagnerez le front de mer et la **baie de St Aubin★** (*p. 32*).

Fort Regent

***B2** Mount Bingham - ✆ 01534 449 600 - ♿ - lun.-vend. 6h15-21h, w.-end 8h15-17h.*

Juché sur une falaise dominant le port et couronné par un dôme, Fort Regent s'étend derrière d'imposantes fortifications édifiées en 1806. Aujourd'hui, c'est un centre d'attractions englobant piscine, salles de jeux, de sports et de spectacles, manèges, aquarium et vivarium. La promenade sur les remparts offre des **vues★** sur la ville et la baie de St Aubin.

LE FRONT DE MER★

St Helier peut se targuer de posséder deux belles plages « urbaines » et accessibles à pied.

Havre des Pas★

***B3** À 30mn de Liberation Square à pied, ou 15mn à vélo en suivant le chemin côtier aménagé en piste cyclable. À 5mn en bus en prenant la ligne 1 vers Gorey.*

Ayant conservé quelques jolies façades aux balcons en fer forgé, la plus belle promenade de la ville rappelle les charmes d'un autre siècle. Adossé à l'ancien Fort d'Auvergne et relié à la terre ferme par une passerelle en bois, le **complexe nautique** du Havre des Pas date de 1895. Malgré quelques rénovations bienvenues (vestiaires et douches) et l'ouverture d'un bar de plage en été, cette piscine d'eau de mer a gardé un délicieux vernis *vintage*. Sa terrasse se colore de chaises longues dès les premiers rayons du soleil et, grâce à une petite digue, les enfants peuvent aussi profiter en toute sécurité de ce bassin d'eau de mer à marée haute.

Au bout de la plage, le **Rocher des Proscrits**, signalé par une plaque commémorative, rappelle le lieu où **Victor Hugo** rencontrait d'autres exilés durant la première partie de son exil, avant que ses prises de positions ne l'obligent à gagner Guernesey...

Howard Davis Park

***B2-3** St Clement's Road. À 20mn du centre en suivant La Colomberie à partir de Queen St.; à 5mn en bus par la ligne 1 vers Gorey (arrêt Howard Davis Park) - avr.-sept. : 8h-21h30 ; reste de l'année : 8h-19h.*

À un jet de galet de la plage, ce parc doit son nom au mécène qui le conçut en hommage à son fils mort pendant la Première Guerre mondiale.

Il abrite aujourd'hui, au milieu d'une merveilleuse roseraie, un petit cimetière de soldats anglo-américains tombés pendant la Seconde Guerre mondiale. Il comprend aussi une aire de jeux pour enfants, un espace pique-nique et un agréable café.

Victoria Pool

***A1** Victoria Avenue. À 30mn de Liberation Square en prenant Esplanade vers l'ouest, ou 15mn à vélo ; à 5mn en bus de Liberation Square par les lignes 8, 9, 12, 15 et 22 (arrêt West Park) - ✆ 01534 497 000.*

De l'autre côté du port, au début de la baie de St Aubin et en face du

Grand Jersey Hotel, Victoria Pool (également appelé Jersey Marine Lake) est une autre « piscine » d'eau de mer. Aménagé en 1897, cet immense bassin naturel (190 m sur 140 m) permet des activités variées (canoë-kayak, paddling ou simple baignade) qui évoluent au long de la journée en fonction du niveau de la marée. Seul élément de décor immuable : la vue sur Elizabeth Castle.

West Park

***A1** Westmount Road. À 30mn de Liberation Square en longeant Esplanade vers l'ouest, ou 15mn à vélo ; à 5mn en bus de Liberation Square par les lignes 8, 9, 12, 15 et 22 (arrêt First Tower).*

Également appelé « People's Park », ce grand espace vert comprend une aire de jeux pour enfants ainsi qu'un parcours de santé pour les plus grands (et sportifs).

Elizabeth Castle

***Plan détachable H2** À marée basse, accès à pied par The Bridge (30mn) ; à marée haute, traversée en véhicule amphibie : le Castle Ferry - 01534 723 971 (château)/634 048 (ferry) - fin mars à fin oct. : 10h-17h30 - 12,70 £ (6-16 ans 8,25 £) ; billet combiné avec traversée 15,65 £ (6-16 ans 11,20 £) ; billet famille 37,70 £ (49,40 £ avec la traversée).*

Ce château fut dressé sur l'îlot où l'ermite saint Hélier s'était installé au 6e s. Un monastère succéda à l'ermitage, après l'assassinat du saint. Et ce fut bien plus tard que l'ingénieur militaire de la reine Élisabeth, **Paul Ivy**, entreprit de le fortifier, à partir de 1550, pour défendre le côté est de la baie. Terminé en 1600, le château fut aussitôt choisi par le gouverneur, **sir Walter Raleigh** (v. 1552-1618), comme résidence. Plus tard, le futur Charles II s'y réfugia (1646) avant d'y être proclamé roi en 1649. Les autochtones furent alors les pionniers du retour de la monarchie... Mais cela valut à l'édifice d'être bombardé en 1651 par les partisans du Parlement. Dans l'affaire, le dépôt de munitions dans l'ancienne église abbatiale explosa, détruisant la plus ancienne église de l'île. Sous l'Occupation, les Allemands en firent un ouvrage défensif, comme en attestent des casemates contenant armes et matériel. À l'intérieur, le **musée de la Milice** (Royal Jersey Militia Regimental Museum) rassemble des souvenirs du régiment : uniformes, armes, drapeaux...

Ode aux fleurs

*Camélias, jonquilles, lys, mimosas, orchidées, oeillets... s'épanouissent en nombre sur Jersey sous la douce influence du Gulf Stream, faisant de ce petit bout de terre l'« île aux fleurs ». Quelques sites leur sont ainsi dédiés : l'**Eric Young Orchid Foundation** est tout entière consacrée à l'orchidée (p. 29), comme les champs du **Noir Pré** et du **Clos du Seigneur** (p. 35), tandis que le Manoir de Samarès se distingue par son **jardin botanique** (p. 25), entre autres... Au cœur de l'île, les paysages champêtres, verdoyants, confèrent à l'ensemble l'allure d'un jardin exceptionnel.*

L'ancienne maison du gouverneur est investie par des personnages de cire qui font revivre une partie de l'histoire du château. Dans la cour supérieure se dresse le donjon ou « Mont ». Au sommet, les Allemands ont construit une tour de guet en béton. Belle **vue★** sur la baie de St Aubin.

L'EST DE L'ÎLE★★

Plan détachable I1-2

Quittez St Helier vers le sud-ouest par la route de la côte (A 4), en direction de Gorey. En bus, empruntez la ligne 1 qui longe scrupuleusement la côte et ses plus belles plages jusqu'à Gorey. Vous pourrez prolonger jusqu'à St Catherine's Bay avec la ligne 2.

Manoir de Samarès★

I2 Grand route de St Clement - ✆ 01534 870 551 - www.samaresmanor.com - ♿ - de fin mars à mi-oct. - jardins : 9h30-17h - 9,75 £ (-12 ans gratuit).

Francisation du normand *salse marais* (« marais salant »), le nom de Samarès rappelle qu'autrefois, le sel assurait au seigneur des lieux une grande part de ses revenus. Bâti au 10e s. comme en attestent les vestiges normands de sa crypte, ce **manoir** fut largement remodelé au 18e s. (sa visite permet de découvrir une salle à manger aux boiseries en noyer). Les **jardins** furent créés à partir de 1924 par l'armateur sir James Knott, propriétaire des lieux. Quelques incontournables : la **ferme** aménagée en musée de la vie rurale et des attelages, le centre artisanal, l'étang et, touche finale, le jardin japonais ! Le **jardin botanique**, dessiné par un orfèvre, le paysagiste américain **John Brookes**, est le plus grand de l'archipel. On y cultive toutes sortes d'herbes et plantes aromatiques, médicinales ou culinaires. On peut loger au manoir, pour un séjour insolite (*Location de vacances, p. 111*).

St Clement's Bay

I2 Elle s'étend sur 3 km entre le havre des Fontaines et la pointe du Plat-Rocque. **Green Island**, l'une des plages les plus accessibles et protégées du vent, est particulièrement prisée par les locaux et les familles.

La pointe du Hoc, signalée par une tour Martello, **Le Hocq Tower** (*jerseyheritage.org - avr.-oct. : 1er dim. du mois 10h-16h*), semble diviser la baie en deux. À marée basse, se dévoilent d'étranges paysages, presque oniriques, constitués de récifs déchiquetés sur lesquels de nombreux navires sont venus se briser. Ces formations rocheuses tapissées d'algues, recouvertes à marée haute, ne sont pas sans évoquer un paysage lunaire…

Royal Bay of Grouville

I2 Au-delà de la pointe sud-est de Jersey, cette longue bande de sable en forme de croissant est ponctuée d'une série de tours défensives, tours Martello, édifiées à la fin du 18e s.

Gorey, village et port★

I2 Gorey est un charmant village, légèrement en retrait de la côte. En 2012, la célèbre manufacture de **porcelaine de Jersey** (Jersey Pottery), qui y avait établi ses

quartiers en 1954, a définitivement quitté les lieux. Malgré la disparition de ses activités artisanales, le **village** n'en demeure pas moins pittoresque, avec ses jolies maisons anciennes et ses boutiques, et ses restaurants et pubs qui se pressent le long de King Street, l'artère principale.
Le **port** de Gorey, qui ferme au nord la baie de Grouville, était autrefois le principal centre du commerce des huîtres. Il est dominé par l'imposant château Mont-Orgueil, perché sur un promontoire rocheux. De vieilles maisons se succèdent le long du quai, égayé, en saison, par les voiliers.

Château Mont-Orgueil★★

I2 Gorey - St Martin - ✆ 01534 853 292 - www.jerseyheritage.org - de mi-mars à déb. nov. : 10h-18h ; reste de l'année : se rens. - 13,40 £ (6-16 ans 8,70 £) ; billet famille 39,80 £.

Difficile de ne pas être impressionné par la force et la majesté du château qui domine la baie de Gorey ! Et dire qu'il faillit être démoli lorsque **sir Walter Raleigh** décida de s'établir à St Helier... Mais le favori parvint à l'épargner, malgré les ordres de sa souveraine. La forteresse fut dès lors transformée en prison.
La construction de ce formidable ensemble défensif date du 13e s. De nouvelles fortifications ont par la suite été bâties de manière à ce que chaque système de défense demeure indépendant des autres. Les murs jaillissant des rochers formaient des obstacles redoutables pour d'éventuels agresseurs... tout du moins jusqu'à l'invention de l'artillerie.
À l'intérieur de cette majestueuse forteresse, petits et grands prendront plaisir à remonter le temps pour revivre les grandes heures de son histoire, ponctuée de panneaux explicatifs *(résumé en français)*, de quelques sculptures et d'animations évoquant le passé du château (simulation de tir au canon). Des expositions temporaires mettent en lumière les récentes découvertes archéologiques réalisées suite aux fouilles entreprises pour retrouver les vestiges du château d'origine.
Un dédale de chemins et d'escaliers permet de monter jusqu'au sommet. De là, la **vue★★** est imprenable sur le port de Gorey, la baie de Grouville et le Petit Portelet... et l'on comprend que personne ne se soit jamais risqué à prendre d'assaut ce château !

Un peu plus au nord

L'ensemble mégalithique du **dolmen (Pouquelaye) de Faldouet *(I2)***, jadis enfoui sous un tumulus, aligne une allée couverte longue de 15 m ; il date de 2500 av. J.-C. La chambre funéraire, large de 6 m, est coiffée d'un bloc de granit pesant 25 t.
Côté littoral, la reposante crique d'**Anne Port**, un peu difficile d'accès (uniquement à pied, pas de parking), permet souvent de fuir la foule en été.

Archirondel★

I1 Facilement accessible en bus depuis Gorey ou St Helier par la ligne 2, Archirondel dessine une ravissante plage sur la route vers St Catherine. Elle est facilement repérable grâce à sa tour bicolore rouge et blanche. Construite en 1792, celle-ci servit longtemps de base défensive. Ses

trois niveaux ont été réaménagés en hébergements insolites (*Location de vacances, p. 111*).

St Catherine's Bay★

I1 Un brise-lames long de 640 m protège des courants et des vents du nord cette baie appelée aussi La Mare Sainte-Catherine. Du phare situé à l'extrémité de la jetée, la **vue★★** est très belle sur la côte rocheuse ponctuée de bandes sableuses.
Au sud, la baie est fermée par le promontoire du château Mont-Orgueil qui domine le port de Gorey. De là, la route côtière ramène vers St Helier.
Accessible au départ de St Catherine's, l'archipel des **Écrehous** est constitué de trois îlots rocheux principaux, dont la Marmotière et son charmant groupe de maisons de pêcheurs habitées en saison. Avec un peu de chance, vous apercevrez des phoques gris et des dauphins *(Jersey Seafaris - 07829 772 222 - www.jerseyseafaris.com - mai-oct.)*.

La Hougue-Bie★

I2 *Rte de la Hougue-Bie - Grouville - 01534 853 823 - www.jerseyheritage.org - ♿ - de mi-mars à déb. nov. : 10h-17h; reste de l'année : se rens. - 10 £ (6-16 ans 6,45 £); billet famille 29,45 £.*
L'une des plus grandes sépultures mégalithiques d'Europe fut mise au jour en 1924 dans ce joli parc ombragé. Il s'agit plus précisément d'un **dolmen à couloir** long de 20 m, enfoui sous un tumulus (hauteur : 12 m, diamètre : 55 m) sur lequel fut bâtie une chapelle au Moyen Âge. Ces lieux furent, pour des raisons très diverses, occupés par l'homme dès la Préhistoire, et ce jusqu'à la libération de 1945.
Après avoir assisté à la projection d'un **film** *(version française disponible)* relatant l'histoire de ce site exceptionnel, les visiteurs sont invités à se diriger vers le **Musée archéologique et géologique**. Ils y découvriront des roches provenant de l'île (schistes, granits, etc.) et divers objets lithiques trouvés sur place (haches, outils en silex ou en pierre polie), meules en pierre, poteries, ornements, objets en métal (âge du bronze) et autres.
Le **tombeau néolithique★**, de forme cruciforme, date de 4000 av. J.-C.

Les crapauds de Jersey

Les habitants de Guernesey racontent que lorsque saint Patrick débarqua sur l'île de Jersey, il fut accueilli à coups de pierres et de quolibets. Il se réfugia alors à Guernesey, dont la population se montra nettement plus accueillante, et résolut de faire de cette île sa résidence. Or, au même moment, saint Georges, ayant subi la même mésaventure, décidait lui aussi de s'établir à Guernesey. Plutôt que de se quereller, les deux saints se mirent d'accord pour aller chercher ailleurs leur bonheur, mais auparavant, voulurent remercier les habitants de Guernesey pour leur accueil. Saint Patrick rassembla alors tous les serpents et crapauds de l'île et les répandit à Jersey. Depuis ce jour, Guernesey est débarrassée de cette faune indésirable, tandis qu'elle prolifère à Jersey.

Un long vestibule, au plafond formé de dalles de granit, conduit à une chambre funéraire ovale (9 x 3 m). Deux chambres latérales s'ouvrent sur la principale.
De l'autre côté du tumulus, une sculpture saisissante annonce le **mémorial-musée**. Celui-ci rappelle, dans un **bunker souterrain**, le sacrifice des travailleurs forcés internés par les Allemands dans les îles ; la plupart sont morts à la tâche.
La **chapelle N.-D.-de-la-Clarté** (12e s.), érigée au sommet du tumulus, a conservé un autel provenant du château Mont-Orgueil. Plus tardive, la **chapelle Jérusalem**, fut édifiée en 1520 par Richard Mabon, doyen de Jersey, de retour d'un pèlerinage en Terre Sainte.

St Saviour

I2 Sur le chemin du retour, une halte mélancolique s'impose dans le cimetière du village : c'est ici que repose depuis 1929 la belle **Lillie Langtry**, qui fit tourner tant de têtes, couronnées ou non (*p. 144*).

AU CŒUR DE L'ÎLE★★

Plongez vers le centre de l'île pour vous immerger dans ces paysages verdoyants qui font de Jersey un véritable jardin, entrecoupé de haies ou de murettes veillant jalousement sur ses routes étroites.

Eric Young Orchid Foundation

***I1** Victoria Village - Trinity - 01534 861 963 - ericyoungorchid.org - ♿ - merc.-sam. 10h-16h - fermé de mi-déc. à fin janv. - 6,50 £ (4-16 ans. 2 £).*

Fruit du travail de toute une vie, cette fondation s'est mise au service d'une fleur unique, sensuelle et troublante, pour laquelle nombre d'horticulteurs se feraient damner. Avis aux amateurs : ne ratez pas la belle collection de fleurs (pas seulement des orchidées) et de plantes exotiques dans la serre d'exposition ; les autres serres sont utilisées comme « nurseries » pour de nouvelles variétés.

Durrell Wildlife Park (Jersey Zoo)★★

***I1** La Profonde Rue - Trinity - 01534 860 000 - www.durrell.org - ♿ - 9h30-18h (17h en hiver) - 16,50 £ (enf. 12 £).*

Gros oiseau terrestre de l'île Maurice, identifié en 1599 et totalement exterminé en 1693, le dodo est devenu le symbole du parc créé par le naturaliste **Gerald Durrell** (1925-1995). Pour lui, il s'agissait de beaucoup plus que d'un zoo : il avait l'ambition de créer un refuge dans lequel les animaux, spécimens d'espèces en danger d'extinction, se retrouveraient dans les conditions les plus proches possibles de la vie sauvage, qu'ils sont appelés à retrouver un jour, peut-être...
Plus de 1400 animaux (mammifères, reptiliens et amphibiens) sont rassemblés dans ce parc vallonné de 10 ha, et dans un environnement rappelant leur habitat naturel.
Outre des familles de sympathiques gorilles, le zoo possède des collections rarissimes de lémuriens de Madagascar, de ouistitis, de tamarins, ou encore de *meerkats* (ou suricates),

sortes de mangoustes dressées sur leurs pattes arrière comme des vigies qui attendrissent les visiteurs.
Une **maison nocturne** permet d'observer l'activité des chauves-souris de l'île Rodrigues. Le parc assure également la survie et la reproduction d'oiseaux en péril tels que les pigeons roses de l'île Maurice, probablement les derniers spécimens de l'espèce ; quant à l'étourneau de Bali et à l'ibis de Waldrapp, ils ne se reproduisent guère qu'ici...
Le **Gaherty Reptile Breeding Center** regroupe tortues, grenouilles, serpents et lézards divers.

Pallot Steam, Motor & General Museum

H1 *Rue de Bechet - Trinity - ✆ 01534 865 307 - pallotmuseum.co.uk - avr.-oct. : lun.-sam. 10h-17h - 7 £ (enf. 2,50 £).*

Un musée comme on les aime, fruit de la passion d'un collectionneur, **Don Pallot** (1910-1996) qui, sa vie durant, a rassemblé et amoureusement entretenu ces belles machines que l'on découvre aujourd'hui dans un vaste hangar. Après les rutilantes voitures des sixties (4 CV, Dauphine, Triumph), on passe aux véhicules de pompiers ; suivent un wagon des chemins de fer de Jersey, toutes sortes de vélocipèdes (et de landaus), mais aussi des engins agricoles aux usages parfois mystérieux, et des orgues de cinéma de style Arts déco.
À quelques dizaines de mètres de là, au sein d'un de ces paysages sereins, mais subtilement luxuriants, dont Jersey a le secret, une borne, **Island Centre Stone**, marque le centre géographique de l'île. Un bon repère pour aller à la rencontre de la vie rurale traditionnelle locale...

Hamptonne Country Life Museum

H1 *La Rue de la Patente - St Lawrence - ✆ 01534 863 955 - www.jerseyheritage.org - ♿ - de fin mai à mi-sept. : 10h-17h ; reste de l'année : se rens. - 9,60 £ (6-16 ans 6,25 £) ; billet famille 28,55 £.*

Niché au cœur de la campagne, ce superbe ensemble de bâtiments ruraux aux hauts murs de granit rose fut acquis en 1637 par un certain Laurens Hamptonne Le Vicomte. L'ensemble est charmant, d'autant que certains bâtiments aux murs patinés par le temps ont conservé leur toit de chaume. Mais c'est aussi une **ferme** que l'on visite (étables, basse-cour, jardin potager, lieux d'habitation reconstitués dans leur état du 18e s.) et où l'on assiste à des démonstrations de techniques aujourd'hui oubliées. On peut également converser en vieux jersiais avec une dame qui évoquera devant vous la vie d'autrefois, un autrefois pas si lointain du reste, quand l'île était couverte de petites exploitations, qui pouvaient subsister avec juste quelques vaches, la production de *Jersey Royal* (variété de pommes de terre) et un peu de cidre. Une visite à ne pas manquer, même si l'on peut regretter que la période d'ouverture soit par trop restreinte...

Moulin de Quétivel

H1 *Mont Fallu - St Peter - ✆ 01534 483 193 - www.nationaltrust.je/project/le-moulin-de-quetivel - de*

déb. mai à fin sept. : lun.-mar. 10h-16h - 3 £ (enf. 1 £). Deux parkings sur place et à 500 m au nord du moulin.
Après avoir traversé un bois peuplé de piverts et d'écureuils, on longe le canal de dérivation qui transporte l'eau jusqu'à la roue et guide jusqu'au dernier des huit moulins en activité jadis dans la vallée de St Peter. Reconstruit au 18e s. à l'emplacement d'un moulin mentionné dès 1309, Quétivel a fonctionné jusqu'à ce que la machine à vapeur le fasse tomber en désuétude. Ayant repris du service sous l'occupation allemande, il est aujourd'hui en état de marche. La visite permet de voir chaque étape de fabrication, de l'arrivée du grain jusqu'à la vente de la farine.

Jersey War Tunnels★★

H2 *St Lawrence - ✆ 01534 860 808 - www.jerseywartunnels.com - ♿ - de mi-fév. à fin oct. : 9h30-17h30 (dernière entrée 16h) ; 1er-15 nov. : 9h30-15h (dernière entrée 13h30) - 15 £ (7-15 ans 9 £). Température intérieure autour de 10 °C, durée de la visite 1h30 à 2h.*
L'**Hohlgangsanlage 8** fut un hôpital souterrain allemand construit au prix de mille souffrances par des prisonniers républicains espagnols, rejoints à partir de 1942 par des centaines de Russes capturés sur le front de l'Est.
Aujourd'hui, ces quelque 2 km de tunnels ont été aménagés en un musée passionnant, parfois terrifiant, consacré à l'histoire de l'occupation de l'île, du 1er juillet 1940 au 9 mai 1945. Cette pénible période, qui a durablement traumatisé les insulaires, est évoquée de façon réaliste à travers documents écrits ou vidéos, objets, reconstitutions, avec le souci de ne laisser sous silence aucun aspect, fut-il peu glorieux ou polémique : ainsi, la décision prise par Churchill en juin 1940 de ne pas défendre les îles fait encore grincer quelques dents. Un hommage particulier est rendu aux 5 000 travailleurs forcés recrutés par l'organisation Todt pour faire des îles un bastion inexpugnable : quelques galeries inachevées laissent imaginer les conditions dans lesquelles se sont déroulés les travaux de percement. C'est donc quelque peu secoué que l'on regagne en fin de visite le bâtiment d'accueil pour se recueillir quelques minutes dans un **jardin de Méditation** aménagé à la mémoire des victimes de cette période.

PLAGES, BAIES DU SUD ET DE L'OUEST★★

De la baie de St Aubin (St Helier) à celle de St Ouen, le littoral de Jersey se présente sous son jour le plus

« Parrainage »
Les visiteurs des Jersey War Tunnels sont d'autant plus immergés au cœur de cette époque douloureuse qu'ils se voient remettre en guise de ticket d'entrée la carte d'identité d'un habitant de l'île, établie par les autorités de l'Occupation. Il leur appartient, à l'issue de la visite, d'aller découvrir quel fut le destin de leur « filleul »...

aimable : de grandes anses occupées par de longues plages de sable fin, avec en toile de fond une végétation qui se fait presque méditerranéenne...

Millbrook

H2 Surnommée à juste titre l'« église de verre », **St Matthew's Church** (*✆ 01534 720 934 - stmatthews.je - tlj sf sam. 9h-17h, vend. 9h-16h, dim. 13h30-16h30)* recèle un véritable petit chef-d'œuvre sorti des mains du magicien du verre **René Lalique** (1860-1945). En 1932, le célèbre verrier redécora entièrement l'église, à la demande de la veuve de **Jesse Boot**, fondateur d'une célèbre chaîne de parapharmacie. Aujourd'hui, les visiteurs peuvent admirer les fameuses **œuvres de verre**★ du grand spécialiste du verre moulé : autel, panneaux de la grille du sanctuaire, grande croix du chœur, vitraux, fonts baptismaux... autant de merveilles qui illuminent subtilement le sanctuaire.

St Aubin

H2 Juché sur un promontoire fermant la magnifique **baie**★ éponyme qu'illumine en soirée un « chemin de lumière », St Aubin est une station très appréciée à la période estivale : sa longue plage, son port de plaisance et son « boulevard » bordé de cafés et de restaurants font le bonheur des vacanciers.

Noirmont Point★

H2 Plusieurs blockhaus allemands subsistent sur ce cap battu par les vents. Le **bunker** du commandement naval allemand, chargé de contrôler la batterie d'artillerie côtière Lothringen de 1944 à 1945, se visite *(✆ 01534 768 785 - www.cios.org.je - se rens.)*. Du bastion le plus avancé, vous aurez une **vue** superbe sur les rochers en contrebas, la petite plage de **Portelet Bay**, accessible par une longue volée de marches, et l'**île au Guerlain** (dite aussi la « tombe de Janvrin », du nom d'un capitaine qui y fut inhumé au 18e s.) couronnée par une tour Martello. Un dicton dont vous n'aurez, espérons-le, pas à vérifier la pertinence, dit : *« Quand Nièrmont met san bonnet, ch'est signe de plyie. »*

Un amour de piste cyclable

S'il ne doit y avoir qu'une seule piste cyclable à faire lors de votre séjour sur l'île, n'hésitez pas une seconde et empruntez la piste n° 1 de St Aubin à Corbière Point (5,9 km - env. 30mn) ! Ici, point de voiture, rien que des piétons, des cyclistes... Et une immersion unique au milieu de la nature et de l'intimité des résidences jersiaises. Le début du parcours s'éloigne discrètement de la route A13 menant au plateau de St Brelade, pour s'élever doucement au pied d'une paroi rocheuse couverte de verdure. La piste côtoie des maisons aux jardins pimpants avant de se noyer dans la végétation puis de longer le golf de la Moye. Ombragée par de charmants pins parasols, elle offre par moments de jolies plongées sur la baie de St Ouen. Le phare de Corbière Point (☞ p. 34) annonce la fin de l'itinéraire. Si vous êtes courageux, louez un vélo dès St Helier et traversez la baie de St Aubin, également avec sa voie réservée. À vos vélos !

St Brelade★

H2 *À 25mn de bus de Liberation Square par les lignes 12 ou 14 ; en 1h à vélo, en empruntant la piste n° 1 de Liberation Square (voir encadré p. 32).*
Adossée aux pentes du Winston Churchill Memorial Park, cette station balnéaire doit son nom à un missionnaire breton, saint Branwalader, jadis établi sur les lieux. Elle se niche au creux d'une baie abritée qui offre aux amateurs de baignade ou de *farniente* une **longue et belle plage de sable fin**.
À l'extrémité ouest, une église et une petite chapelle ajoutent une touche romantique à ce paysage méditerranéen. Dominant la mer et veillant sur son cimetière marin où Angleterre et Normandie semblent se rejoindre, l'**église paroissiale** *(parish church)* est construite avec des blocs de granit extraits du rivage. Les parties les plus anciennes de l'édifice, chœur, nef et clocher, datent du 11e s., le transept et les bas-côtés ayant été ajoutés plus tard. À l'intérieur, remarquez l'autel taillé dans le roc et les cinq croix gravées représentant les cinq plaies du Christ.
Construite avec le même granit que l'église, la **chapelle des Pêcheurs** *(Fishermen's chapel)* abrite de belles **fresques**★. Au fond du chœur, l'Annonciation date du 14e s. ; Adam et Ève *(à droite du chœur)*, la Naissance du Christ *(à droite de la nef)*, la Passion *(à gauche de la nef et du chœur)* et le Jugement dernier *(chœur)* sont du 15e s.
Derrière la chapelle, quelques marches mènent au **perquage** : jusqu'à la Réforme, toutes les églises jersiaises possédaient cette issue qui permettait aux condamnés de gagner le rivage et de quitter l'île ; ils pouvaient rester huit jours sur ce « chemin d'asile », avant de décider de se rendre à la justice ou de s'exiler définitivement.

Voir aussi Jersey Lavender Farm p. 92.

Beauport Bay★

G2 Un peu en dehors des sentiers battus par les touristes, la **magnifique plage** de Beauport se mérite. L'arrêt de bus le plus proche *(ligne 12, descendre à St Brelade)* est à 800 m et, même si l'on vient en voiture, il faut ensuite descendre quelques dizaines de marches. Mais quelle récompense à l'arrivée : avec la falaise pour écrin, une plage de sable doré à l'abri du vent et souvent épargnée par la foule.

Corbière Point★★

G2 La descente vers la pointe rocheuse ménage une belle vue sur le site et le phare blanc dressé sur son îlot. Le paysage est ici chaotique et particulièrement impressionnant par gros temps. Le phare *(accessible à pied à marée basse)* a été construit en 1874. Par temps clair, sa portée est de 27 km.
À côté du phare, la **Tower MP2**, tour de 17,8 m de haut construite par les Allemands en 1941, a aussi été reconvertie en hébergement insolite (avec une vue enviable à 360°).

Location de vacances, p. 111.

La Pulente

G2 Posé au début de la vaste baie de St Ouen, ce petit village est le principal centre de ramassage du

varech, utilisé comme engrais. La tour La Rocco, construite en 1800, se détache nettement sur son îlot.

St Ouen's Bay

G1-2 La baie de St Ouen, qui s'allonge sur près de 8 km, occupe l'essentiel du littoral occidental de l'île. Côté mer, les rouleaux font la joie des amateurs de surf. Mais restez prudents : même si vous baigner au large de cette **plage superbe** vous tente, mieux vaut vous cantonner aux espaces réservés à la baignade surveillée et respecter la couleur des drapeaux.
Côté terre, la réserve naturelle des **Mielles** (« dunes de sable » en normand) se visite grâce à son **Wetland Centre** (*9h-17h - ✆ 01534 483 193 - www.jersey.com - 9h-17h)* qui protège la flore et la faune de ce milieu fragile composé de dunes, de terrains marécageux et de lits de roseaux. Deux champs d'orchidées, **Le Noir Pré** et **Le Clos de Seigneur**, juste derrière, le long du chemin de L'Ouziere, sont visibles grâce à des visites guidées organisées à partir de mai, en période de floraison.
La route qui longe la baie a pour nom **Five mile road**, le terme *mile* serait une anglicisation sauvage du mot « mielle » qui ne figure dans aucun dictionnaire bilingue...
Dressée face à la mer, une tour Martello (dite **Kempt Tower**) témoigne du projet de fortification de l'île conçu juste après l'invasion française de 1781. Cet ancien ouvrage défensif, dont la construction remonte à 1834, a été rénové en 2014 et est ouvert à la location saisonnière *(✆ 01534 633 304 - www.jerseyheritage.org).*
Il offre à ses occupants des vues imprenables sur la côte ouest de l'île.
Voir aussi Jersey Pearl p. 90.

The Channel Islands Military Museum

G1 *Grande route des Mielles - ✆ 07797 732 072- www.jersey.com - de mi-avr. à fin oct. : 10h-17h - reste de l'année : se rens.*
Proche d'une autre tour Martello, la **Lewis Tower** (1835), ce musée installé dans un bunker témoigne quant à lui d'un autre projet de fortification... Il évoque à la fois la vie quotidienne des insulaires occupés, et celle des occupants qui attendirent vainement dans leurs casemates un possible débarquement allié (jumelles, uniformes, armes, objets divers...).

Petit Étacquerel

G1 Une tour marque cette avancée qui ferme la baie de St Ouen.

LES FALAISES DU NORD★★

La partie de l'île la plus rocheuse et la moins habitée présente des paysages souvent saisissants, inquiétants même, lorsque le temps est à la tempête. Les amateurs de randonnées profiteront des sentiers douaniers qui parcourent les falaises : c'est le meilleur moyen de découvrir la beauté sauvage et rude de cette côte, où l'on cultive la pomme de terre sur des terrains à pic sur lesquels s'égarent parfois des moutons peu sujets au vertige. En voiture, vous suivrez la côte sans vraiment la voir, vous en approchant de-ci de-là au gré des ports et des plages...

Grosnez Point★

G1 Quelques pans de murailles d'un château du 14ᵉ s., pris et repris par les Français avant d'être détruit, s'élèvent dans un paysage désolé. De là, si vous n'avez pas trop le vertige, vous pouvez admirer les falaises abruptes du site. Au loin, vers le nord, on aperçoit Sercq, Herm et Guernesey. L'appelation « Grosnez » provient de l'ancien norrois (langue des Vikings), le mot *ness* désignant un cap ou un promontoire ; un terme que l'on retrouve, côté Cotentin, dans le Nez de Jobourg.

Plemont Bay★★

G1 Au fond de la baie de Plémont se niche une agréable **plage** de sable, **la Grève au Lanchon**, encastrée entre les falaises et considérée pour beaucoup comme la plus belle de l'île. La ligne 8 *(descendre au terminus, où se trouve aussi un parking)* vous déposera en haut de la falaise, près de l'escalier qui s'enfonce dans le sable.
En haut des marches, un petit salon de thé *(☛ p. 86)* propose des sandwiches et gâteaux maison, avec, en toile de fond, une vue époustouflante.
En bas, de la plage, on peut apercevoir quelques **grottes** à marée basse.
Au-delà de la baie, retour aux falaises avec **Plemont Point**, amas de rochers où nichent des macareux et qui ménage des vues sur les autres îles Anglo-Normandes.

Grève de Lecq★

H1 Dans ce hameau côtier doté lui aussi d'une belle plage, des casernes ou **barracks** furent construites dans les années 1810 pour abriter une garnison chargée de défendre la baie contre une éventuelle invasion française. Celle-ci n'eut jamais lieu et les casernes, réhabilitées par le National Trust for Jersey, abritent aujourd'hui un centre d'interprétation de la côte Nord *(✆ 01534 482 238 - www.nationaltrust.je - de mi-mai à fin sept. - horaires se rens.)*. Les vacanciers de passage apprécieront tout particulièrement l'ancien **quartier des officiers** dont les chambres, ouvertes à la location, constituent une alternative originale à un hébergement en hôtel.

La Mare Wine Estate

H1 *✆ 01534 481 178 - www.lamarewineestate.com - ♿ - de fin mars à déb. nov. : 10h-17h - visite guidée à 10h45, 11h45, 12h45, 13h25, 14h25 et 15h30 - env. 10 £.*
L'unique vignoble des îles fut aménagé près de la ferme Elms (1797). La visite commence par la présentation de la vigne et les différentes étapes de la fabrication du vin jusqu'à la mise en bouteilles. On visite ensuite le vignoble et ses installations. Mais l'on peut se contenter de se rendre sur les lieux pour déjeuner, prendre le thé ou explorer la boutique gourmande...

Devil's Hole (trou du Diable)★

H1 *Laissez la voiture à l'auberge.*
Un chemin aménagé et quelques passerelles conduisent à ce site impressionnant : une sorte de gouffre au flanc de la falaise, empli d'un chaos rocheux que les vagues viennent heurter dans un bruit sourd. Une statue de bois, représentant le diable, se niche dans la verdure, sur la droite du chemin d'accès.

Ah, le petit vin blanc...

C'est en 1972 que la famille Blayney, après avoir acheté cette ferme tombée en ruine, eut l'idée d'exploiter une vigne à Jersey et d'y produire d'abord du vin blanc, puis du vin rouge. L'affaire ne dut pas être si mauvaise puisque les propriétaires qui lui ont succédé ne cessent de développer leurs activités, et ajoutant au vin, désormais, la production de cidre (au nom évocateur de « Pompette »), de calvados, et même de fudge dont l'élaboration est surveillée par un maître chocolatier attaché au domaine.

Sorel Point

H1 Il se dispute le titre honorifique du cap le plus septentrional de l'île avec son voisin, **Ronez Point**, plus ou moins rongé par les carrières. À marée basse, on aperçoit une sorte de bassin, **Fairies'Bath** (le lavoir des Fées) : on dit que les fées aiment à venir s'y baigner dans le plus simple appareil. Et, bien entendu, les malheureux bergers des alentours qui tentent de profiter du spectacle sont aussitôt frappés de cécité.

Bonne Nuit Bay★

H1 Selon la légende, ce petit port, abrité derrière une jetée en pierre, doit son nom au futur Charles II, qui y serait passé alors qu'il fuyait vers la France. Mais l'endroit portait déjà ce nom... quatre siècles avant que le souverain anglais n'y mette les pieds ! Non loin de là, un sentier escarpé dévale la falaise jusqu'aux grottes du Loup **(Wolf's Caves)**, profondes de plus de 100 m et accessibles seulement à marée basse.

Bouley Bay

I1 Enclave de sable protégée par une jetée et la falaise, encastrée dans une large baie aux contours granitiques. Réputé pour sa tranquillité, le lieu est un paradis pour les pêcheurs et les plongeurs.

Rozel Bay★

I1 Le minuscule port de pêche du **havre de Rozel**, où les bateaux viennent s'échouer à marée basse, occupe une bonne partie de cette anse à la végétation luxuriante. Ses maisons colorées et ses cabanes rouges ne font qu'ajouter au charme de l'endroit. Les jardins jalonnant la vallée jusqu'au havre, quelques pubs, restaurants de poissons et une petite plage contribuent à faire des lieux un petit paradis.

Fliquet Bay

I1 Au nord-est de l'île, cette baie rocheuse s'inscrit entre les pointes de la Coupe et de Verclut.

Guernesey★★

Guernsey

En arrivant par bateau devant l'amphithéâtre où se pressent les maisons à pignons de St Peter Port, vous vous sentirez bien loin de Jersey : le charme tranquille de Guernesey opère d'emblée, à mille lieues de sa concurrente toujours affairée. La ville principale, aussi sympathique qu'animée, est le point de départ idéal pour explorer l'« île verte », si chère à Victor Hugo. Deuxième de l'archipel par sa taille, elle recèle bien des trésors, et offre à qui prend le temps de la découvrir le charme de l'authenticité. Cyclistes et promeneurs apprécieront tout particulièrement les douces campagnes vallonnées de cette île-jardin, sillonnée de « ruettes tranquilles » où il fait bon marcher ou pédaler...

▶ **Accès :** en bateau par St Peter Port, toute l'année au départ de St-Malo et en saison à partir du Cotentin ; en avion *via* Jersey et Londres (*p. 3 et 104*).

Plan de St Peter Port p. 40. Carte de l'île sur plan détachable.

▶ **Conseil :** prévoyez une journée à St Peter Port et 1 à 2 jours pour découvrir le reste de l'île. Le printemps est la période à privilégier pour profiter au mieux de l'exceptionnelle richesse florale de Guernesey.

▶ **S'informer :** Office de tourisme sur le port, *p. 114.*

« Nos adresses » p. 82, p. 88, p. 92, p. 94, p. 98.

ST PETER PORT★★

Bâtie en amphithéâtre sur le versant d'une colline escarpée dominant le port, la capitale de l'île et du bailliage de Guernesey doit en partie son cachet à la situation privilégiée qu'elle occupe face à la mer. Les ruelles pavées bordées de vieilles demeures, certaines entrecoupées d'escaliers, constituent un véritable dédale, d'autant plus agréable à parcourir que les maisons sont souvent très belles, et l'atmosphère paisible.

Port

B2 Protégé de la haute mer par les îles toutes proches d'Herm et de Sercq, le port constitue la raison d'être de la ville, avec ses marinas et ses jetées construites entre 1835

Ânes et crapauds

Sont-ils particulièrement têtus ou tout simplement lents ? Toujours est-il que pour les habitants de Jersey, les Guernesiais sont surnommés « les ânes », un sobriquet qu'ils revendiquent, du reste, avec fierté et déclinent selon les paroisses : « ânes pur-sang » (Castel), « âne à pid dé ch'fa », c'est-à-dire ânes aux pieds de chevaux (Torteval)... Quant aux Jersiais, pour leurs voisins, ce sont des « crapauds » (p. 28).

TRAVEL

ST PETER PORT
0 150 m
0 150 yards
A
B
L'ANCRESSE, ST SAMPSON
CÔBO BAY, SAUMAREZ PARK, PARISH CHURCH
LITTLE CHAPEL, GERMAN UNDERGROUND HOSPITAL
TORQUAY, POOLE
ST-MALO
ST MARTIN
CAMBRIDGE PARK
Guernsey Museum
Candie Gardens
Guernsey Tapestry
Elizabeth College
Royal Court House
Market Halls
St Peter's
Victorian Shop and Parlour
Hauteville House
Liberation Monument
QE II MARINA
HARBOUR
Castle Cornet
Island View Kiosk
La Valette Underground Military Museum
Rouge
Guelles Rd
Rd
Les
Bouillon Lane
St George's Esplanade
St John's Rd
Rope Walk Lane
Piette Rd
New Paris Rd
Paris St
Amballes
Amherst
Les Cotils
Les Canichers
Lane
Bruce
Beauregard Lane
Bosq Lane
Glategny Esplanade
East Breakwater
Winston Churchill Av.
L'Hyvreuse
Cambridge Park Rd
La Butte
Candie Rd
Brock Rd
Julian's Av.
Le Truchot
Arsenal Rd
Monument Rd
Monument Gardens
Hospital Lane
St
Doyle Rd
Grange
Rd
Sausmarez St
Clifton
The Quay
Victoria Pier
New Jetty
Fish Quay
Castle Emplacement
Castle Pier
Cordier Hill
Vauvert
Victoria Rd
Les Petites Fontaines
Vauvert Rd
Durand
Mount
Le Pedvin St
Bordage
Park St
R. du Pre
The Strand
La Vallette
La Charroterie
Rd
Havelet
Vardes
Montville Rd
George
Les
Colborne Rd
Fort Rd
R. de Belvédère
Ravelin
Ruette Irwin
Rd
Bluebell Wood Path
N

et 1909 (Victoria Pier, Albert Pier et Castle Pier qui conduit à Castle Cornet), et son trafic dense de navires : ferries, vedettes, voiliers des plaisanciers ou bateaux aux couleurs vives des pêcheurs. Les passagers, eux, débarquent par St Julian's Pier où s'élève aujourd'hui **Liberation Monument**, une élégante colonne en granit commémorant la libération de l'île le 9 Mai 1945.
Le long du **Quay**, les anciens entrepôts en pierre de granit ne recèlent plus les marchandises exotiques rapportées de quelque contrée lointaine, mais ont été reconvertis en restaurants ou en pubs, et contribuent à entretenir cette animation.

Candie Gardens

A1 Ce ravissant jardin, dessiné en 1898, est planté d'essences exotiques. Son kiosque à musique abrite désormais le **Cafe Victoria** – un cadre idéal pour une petite pause durant la journée ou à l'heure du petit-déjeuner. Inaugurée en juillet 1914, la statue de **Victor Hugo**, par Jean Boucher, se dresse sur une pelouse inclinée vers la mer. Accompagnant les marches menant à la statue, un espace dédié à la mémoire de l'écrivain a été créé début 2020. Il rassemble plantes et arbustes chers à Hugo.
Derrière le jardin se niche le **Guernsey Museum** qui évoque l'histoire locale et expose des objets préhistoriques, ainsi qu'une collection de tableaux (mise en lumière d'une œuvre chaque mois), dessins et porcelaines.
✆ 01481 726 518 - www.museums.gov.gg - ♿ - avr.-oct. : 10h-17h ; nov.-mars : 10h-16h - 6,50 £ (-18 ans 2 £).

Sur les hauteurs

A2 On passe devant **Elizabeth College**, institution fondée en 1563 par Élisabeth Ire, et dont les bâtiments furent reconstruits au 19e s. dans le style Tudor. On découvre ensuite le **palais de justice (*Royal Court House*)** qui abrite la salle de réunion du Parlement de l'île et le dépôt des archives.

SE RESTAURER
- Cafe Victoria 1
- Christies 6
- Crow's Nest 8
- Le Nautique 14
- Le Petit Bistro 13
- Old Quarter 19
- The Boathouse 9
- The Cornish Bakery 18
- Thomas de la Rue 7

PRENDRE UN VERRE
- Cafe Victoria 15
- Hideaway 27
- Ship & Crown Pub 25
- Swan Inn 21

SHOPPING
- Arcade Corkscrew 13
- Guernsey Pearl 17
- Hotel Chocolat 11
- Mahogany 7
- Nelio's 8
- Quay Gallery 6
- The Guernsey Shop 23
- The Lexicon 31

SORTIR
- Beau Sejour Leisure Centre 12
- St James Concert and Assembly Hall 8
- The Cock and Bull 14

SE LOGER
- Best Western Hotel De Havelet 4
- Best Western Moores Hotel Guernsey 5
- Hotel Pandora 12
- The Yacht Inn 6

Guernsey Tapestry★

A2 St James - College St. - ✆ 01481 727 106 - www.guernseytapestry.org.gg - avr.-oct. : tlj sf dim. 10h-16h30 ; reste de l'année : jeu. 11h-16h - 5 £ (-16 ans gratuit) - audioguide disponible en français.

La majestueuse **St James's Church**, précédée d'un porche aux colonnes doriques, fut construite en 1818 pour commémorer la victoire de Waterloo. Reconvertie en salle de concerts, elle abrite aujourd'hui dans ses soubassements le Dorey Centre où fut présentée en 2000 la **tapisserie de Guernesey**. Conçue pour le millénaire, cette pièce a nécessité deux ans de travail de la part des habitants des 10 paroisses de l'île qui participèrent à son élaboration. Cet ouvrage collectif retrace en 10 panneaux l'histoire de Guernesey au cours des dix derniers siècles. Chaque panneau évoque les événements majeurs du siècle qu'il illustre, à travers les lieux phares de l'île, ses traditions et ses habitants. Les canevas ont été élaborés à partir de dessins d'artistes locaux.

Market Halls
(Les Halles)

A2 Très animés durant la journée, le **Pollet** et **High Street**, axe piéton et commerçant de la ville parallèle au port, conduisent aux **marchés couverts**. Le premier date de 1782. Son nom français, **Les Halles**, lui fut donné après sa reconversion : il avait été conçu à l'origine pour accueillir le Parlement. Le second, **Les Arcades** (1830), abritait derrière une colonnade dorique le royaume des bouchers et des poissonniers. Ces deux corporations ont depuis cédé la place à des boutiques, dont une supérette qui accueille des services postaux *(lun.-vend. 9h-17h, sam. 9h-12h).*

St Peter's Church★

A2 « Cette église est la majuscule de la longue ligne que fait la façade de la mer sur l'océan », écrit Victor Hugo dans *Les Travailleurs de la mer*, roman écrit et basé sur l'île. Cet édifice en granit fut fondé sous **Guillaume le Conquérant** en 1048. La nef et le porche, surmonté d'un arc en plein cintre, sont des éléments romans. L'église servit de forteresse et abrita les canons de la milice de Guernesey et… la pompe à incendie municipale ! Les drapeaux présentés proviennent de la milice royale de Guernesey. Remarquez les vitraux : au-dessus du maître-autel, les thèmes sont empruntés au *Te Deum* ; dans le bras gauche du transept, saint Pierre marchant sur l'eau. Les plaques commémoratives ainsi que les Dix Commandements inscrits sur le retable de l'autel sont en français.

Castle Cornet et ses musées★

B2 ✆ 01481 721 657 - www.museums.gov.gg - se rens. pour l'horaire - 10,50 £ (7-18 ans 3 £).

Accessible par une digue depuis 1855, Castle Cornet était autrefois une île puissamment fortifiée. Sa construction remonterait au début du 13e s. et fut renforcée sous le règne d'Élisabeth Ire (1558-1603). Pendant la guerre civile, la garnison du château resta fidèle au roi, alors que Guernesey se rangea du côté des parlementaires. Il faudra un siège de près de neuf ans pour que les

Dans les pas de Victor Hugo

Un parcours de découverte mène sur ses traces, de ***Candie Garden*** *(**p. 39**) à* ***Hauteville House*** *(**p. 43**), sa maison, en passant par Victoria Tower, où l'écrivain rencontrait sa maîtresse, Juliette Drouet. (Infos téléchargeables sur : https://www.visitguernsey.com/see-and-do/walking-routes/walk-in-the-footsteps-of-the-les-miserables-author-victor-hugo/). Et pour poursuivre cette quête à travers l'île : quittant St Peter par l'esplanade sud du port, un ancien sentier douanier permet de longer les falaises jusqu'à* ***Fermain Bay*** *(**p. 48**), une adorable crique veillée par une ancienne tour d'observation. Grand marcheur, Victor Hugo y allait souvent pour se baigner... On peut ainsi découvrir l'île à pied dans les pas de l'écrivain grâce à un plan vendu à l'office de tourisme et à la bibliothèque Priaulx, près de Candie Gardens (1 £). Un site Internet, dédié à la vie de Hugo lors de son exil à Guernesey, guide aussi sur les lieux où il vivait et ceux qui l'ont inspiré (victorhugo.visitguernsey.com).*

partisans du Parlement se rendent maîtres de ce bastion royaliste.
En 1672, la foudre s'abattit sur le donjon où est entreposée la poudre. L'explosion le décapita, détruisant également le logis du gouverneur.
Le château accueille aujourd'hui cinq musées et quatre jardins.
The Story of Castle Cornet – *Près de l'accueil.* Les grandes heures de la forteresse revivent au cœur de ce musée historique grâce à plusieurs reconstitutions, panneaux, maquettes, bornes interactives et autres.
Maritime Museum – De nombreuses maquettes de navires et des tableaux évoquent toutes les facettes de la vie maritime de l'époque gallo-romaine à aujourd'hui : commerce, corsaires, contrebande, chantiers navals, grandes compagnies maritimes, naufrages, plongée, sauvetages.
Royal Guernsey Militia Museum – Situé dans l'ancien hôpital (1746), ce petit musée rappelle l'histoire de la milice de Guernesey, créée au 13e s. pour défendre l'île et dissoute en 1939.
201 Squadron RAF Museum et **Royal Guernsey Light Infantry Museum** – Ces deux espaces d'exposition rendent hommage à la seule unité de la Royal Air Force basée dans les îles, et à un régiment qui s'illustra lors de la Grande Guerre.
On découvre en fin de visite le **Prisoners'Walk**, un passage qui menait, au Moyen Âge, jusqu'au château. De la **citadelle**, près de l'ancien donjon, belle **vue★** sur le port et la ville, Herm, Sercq et la côte française, et au sud sur Jersey.

Victorian Shop and Parlour

A2 *26 Cornet St. - 01481 728 451 - www.nationaltrust.gg.*
Cette demeure du milieu du 18e s., restaurée par le National Trust of Guernsey, accueille une délicieuse boutique à l'ancienne qui fourmille de jolies idées de cadeaux à offrir...

Hauteville House★★

(Maison de Victor Hugo)
A3 *38 Hauteville St. - 01481 721 911 - www.maisonsvictorhugo.paris.fr - de*

déb. avr. à fin sept. : tlj sf merc. 9h-17h (dernier dép. visite à 16h) - 10 £ (moins de 27 ans : 8 £) - réserv. conseillée sur eppm-billetterie-hautevillehouse.shop.secutix.com/content
Après avoir loué la maison du n° 20 (aujourd'hui propriété privée), **Victor Hugo** acquit cette demeure au n° 38, en 1856, un an après son arrivée à Guernesey. Il entreprit de l'aménager en laissant libre cours à sa créativité. Boiseries, carreaux de Delft, tapisseries ou tissus, recouvrent la moindre parcelle de mur ou de plafond. La maison a réouvert en 2020 après une importante restauration menée grâce au mécénat de la Fondation Pinault. Au rez-de-chaussée, la **salle à manger** donne le ton avec sa monumentale cheminée en faïence marquée d'un double « H » en relief (pour Hauteville House et Hugo). À l'étage, remarquez, dans le **Salon rouge**, les « torches de la Liberté portées par les esclaves », faites de bougeoirs retournés et surmontés de plateaux de balance en cuivre. On note, dans toute la maison, des jeux de miroir et des devises au symbolisme plus ou moins obscur.
Particulièment frappante, la **galerie de chêne** ou **chambre de Garibaldi**, au 2e étage, arbore, au chevet du grand lit en chêne une tête à deux faces symbolisant la Vie et la Mort. Victor Hugo n'y dormit sans doute pas, ou peu, préférant une alcôve plus monacale au 3e étage. Au débouché d'une antichambre-bibliothèque, la lumière inonde ensuite un **look-out**, magnifique serre posée sur le toit avec vue sur la mer (et les côtes françaises par temps clair), où il aimait écrire. De là, il dépeignit Guernesey : « Rocher d'hospitalité et de liberté... coin de vieille terre normande. »
Recréé en 2018 par le paysagiste français Louis Benech, d'après les notes de Victor Hugo, le **jardin** a retrouvé son caractère romantique d'antan. Camélias, rhododendrons, glycines, myrtes et agapanthes, vignes et arbres fruitiers palissés s'épanouissent autour de la fontaine aux Serpents, près du « chêne des États-Unis d'Europe », planté par l'écrivain le 14 juillet 1870, et du banc où il avait inscrit ces vers des *Contemplations :* « Immensité dit l'être, éternité dit l'âme. »

La Valette

F2 Dans le prolongement de South Esplanade, on découvre ce projet de route en corniche taillée dans le roc et abandonné depuis longtemps. Outre des lieux aménagés pour la baignade, les terrasses des **Island View Kiosk** permettent de profiter de la vue sur la baie où, parfois, de grands paquebots viennent jeter l'ancre. Là, deux attractions émergent de la roche. Installé dans des tunnels creusés pour les Allemands, **La Valette Underground Military Museum** égrenne uniformes, médailles, décorations qui raviront les amateurs du genre. *✆ 01481 722 300 - lavalette.tk - de mars à mi-nov. : 10h-17h.*

LE CENTRE DE L'ÎLE★★

Saumarez Park★

F1 *Accessible par les bus 41 et 42 de St Peter (15mn).*

Une grande famille insulaire

D'origine normande, les ***Sausmarez*** *apparaissent à Guernesey au début du 12e s., avec un certain William de Saumareis. Celui-ci pourrait bien être le seigneur de* ***Samarès,*** *fondateur du domaine qui porte son nom à Jersey (**p. 25**). Toujours est-il qu'il s'installe à Guernesey dans la paroisse de St Martin où il fait bâtir un premier manoir (****Sausmarez Manor****, p. 48). Les actuels porteurs du nom descendent d'une branche cadette, avec Michel de Sausmarez, qui fit fortune puis faillite à Paris au 17e s. en vendant des bas de laine, et son fils aîné, Matthew, qui s'enrichit grâce à la course et à la contrebande. Parmi sa descendance, on note plusieurs marins : le capitaine Philip (qui amassa une fortune grâce à la prise d'un galion espagnol) et l'amiral James qui, ayant participé aux guerres contre la France, décida d'angliciser son nom en Saumarez et obtint le titre de baron ; ses descendants ont aménagé le* ***Saumarez Park*** *(**p. 44**). Le manoir originel est quant à lui revenu à une branche cadette qui a conservé l'orthographe d'origine de son nom.*

Dans cet agréable parc où arbres et arbustes s'harmonisent avec les massifs de roses, se déroule chaque année en août la **Bataille des fleurs**. Les chars sont en partie décorés de fleurs cueillies sur l'île. **François Truffaut** réalisa ici quelques scènes d'*Adèle H.*, le film qui évoque la vie de la fille de Victor Hugo. Une partie du parc est occupé par le **Victorian Walled Kitchen Garden**, jardin potager caché par un muret et planté de plus de 300 variétés de légumes, de fruits et de fleurs en vogue durant l'ère victorienne *(☎ 01481 246 960 - www.walledgarden.gg - mars-sept. : 10h-16h, w.-end 10h-13h - don bienvenu).*

L'amiral **James de Saumarez** (1767-1836), habita ce manoir construit en 1721 (ne pas confondre toutefois avec Sausmarez Manor, *p. 48*). L'un de ses descendants, héritier du titre de baronnet, conçut pour le parc un jardin japonais dont il reste une pagode surplombant l'étang sur fond de bambous. Aujourd'hui, le manoir *(ne se visite pas)* abrite une résidence pour personnes âgées.

Installé dans les communs, le **Folk and Costume Museum (musée du Folklore et du Costume)** propose une reconstitution très vivante des différents aspects de la vie traditionnelle de l'île, de la salle de classe à la chambre, des ateliers d'artisans à la ferme, avec sa laiterie, sa buanderie et son pressoir. Ici, outils, costumes, ustensiles, jouets, mettent en scène de façon émouvante le patrimoine commun des insulaires, citations en normand de Guernesey à l'appui... *☎ 01481 255 384 - www.nationaltrust.gg - ♿ - avr.-oct. : 10h-17h, dim. 11h-15h.*

Église Ste-Marie du Castel

F2 L'église de la plus grande paroisse de l'île (dont les habitants étaient affectueusement surnommés par les autres Guernesiais les « Ânes pur-sang ») fut bâtie au 12e s., à l'emplacement d'un ancien château normand. Dans le cimetière, se dresse une statue-menhir datant de plus de 3000 ans, découverte sous le chœur en 1878. Elle figure une déesse de la fertilité vénérée à l'époque néolithique et à l'âge du bronze. À l'intérieur de l'église, remarquez la fresque du 13e s., *Three Living Kings and the Three Dead* (Les Trois Rois vivants et les Trois Morts).

German Underground Hospital, à St Andrew

F2 La Vassalerie Rd - ✆ 01481 239 100 - www.germanunderground hospital.co.uk - mai-sept. : 10h-16h; avr. et oct. : seult vend.-lun. 10h-16h - 4,50 £ (-15 ans 2,50 £).

Il fallut trois ans et demi à des travailleurs forcés pour percer ces 2 km de tunnels aménagés en dépôt de munitions et en hôpital. Après le débarquement, des blessés allemands y furent soignés. Dans les lieux restés en l'état (mais vides, exception faite de quelques objets récupérés sur place), on peut voir une salle d'opération, un magasin de vivres, etc.

Little Chapel★ (la Petite Chapelle)

E2 Les Vauxbelets, à 1 km de l'hôpital souterrain - ✆ 01481 237 200 - www.thelittlechapel.gg - en travaux (ouv. partielle, se rens.).

Cette étonnante chapelle est due à un religieux français, le **frère Déodat**. Celui-ci était membre d'une congrégation enseignante qui, proscrite de France en 1904 (prémice de la loi de 1905), s'installa à Guernesey, au collège des Vauxbelets. À partir de 1914, Déodat entreprit de construire de ses mains une réplique miniature de la basilique de N.-D. de Lourdes. Il se servit de ce qu'il trouvait – cailloux, coquillages, fragments de verre et de porcelaine. Son ouvrage connut soudain la célébrité, à la suite d'un article dans le *Daily Mirror*. Chacun voulut alors contribuer à cette œuvre et les présents affluèrent... Depuis le départ des religieux, ce sont les élèves d'une école voisine qui poursuivent la décoration de la chapelle.

Les jardins de Guernesey

L'île revendique plus de 400 variétés de fleurs et de plantes, parfois s'épanouissant au cœur de jardins presque secrets... Parmi les domaines moins confidentiels, plusieurs se visitent : le ***manoir de Sausmarez*** *(p. 48) et son magnifique jardin boisé subtropical ;* ***Saumarez Park****, qui cumule jardin de roses, jardin japonais, de nombreuses espèces d'Asie, et où, chaque année en août, a lieu la Bataille des fleurs (p. 46) ;* ***Candie Gardens*** *(p. 41), qui abrite de beaux spécimens d'arbre et le* ***Victor Hugo Garden*** *; le jardin de* ***Hauteville House*** *(p. 44) où diverses plantes, dont les camélias plantés par Victor Hugo, s'épanouissent autour de la célèbre « Fontaine aux serpents » ; et aussi, les serres du* ***Guernsey Freesia Centre*** *(p. 55)... Chaque année, entre mai et septembre,* ***Floral Guernesey*** *organise la visite de jardins privés remarquables (p. 124).*

LES « HAUTES TERRES »★★

Dans la partie méridionale de l'île, le littoral se compose de falaises abritant des petites criques à l'accès souvent difficile... Le relief des côtes est et nord-ouest s'adoucit petit à petit vers le nord.

Un sentier, en forte pente au voisinage des vallées, suit la côte de St Peter Port à Pleinmont Point★ *(30 km)*. Très bien entretenu, il permet de magnifiques **randonnées**, surtout entre le Gouffre au sud et Fermain Bay à l'est.

Fermain Bay

F2 Cette agréable baie vient s'adosser à des falaises boisées au bord desquelles s'élève une tour de guet (18e s.). La crique est également accessible à partir de St Peter Port, par bateau (en été) ou à pied (*encadré p. 43*).

Sausmarez Manor

F2 *01481 235 571 - www.sausmarezmanor.co.uk - visite guidée manoir (45-50mn) : juin-sept. : lun.-jeu. 10h30, 11h30, 14h30 et vend.-sam. à 11h30 (sf si mariage) ; reste de l'année : se rens. - 7,50 £ (3-14 ans 5,50 £). Jardins subtropicaux (20-50mn) : 10h-17h - 6,50 £ (3-14 ans 3 £).*

Toujours habitée par la famille qui lui a donné son nom (*p. 46*), cette noble demeure arbore une façade de style colonial américain (17e s.). L'arrière est quant à lui, inspiré du style Tudor (1585). L'intérieur rassemble portraits et souvenirs des seigneurs de Sausmarez, lointains cousins des baronnets de Saumarez Park. Bananiers, palmiers, bambous, balisiers, echiums géants, camélias, fuchsias s'en donnent à cœur joie dans le magnifique **jardin subtropical**. Celui-ci abrite un espace de sculptures contemporaines *(régulièrement renouvelées car les œuvres exposées sont en vente)*. Également diverses animations, jeux pour enfants, boutique et salon de thé.

St Martin's Point★★ et Jerbourg Point★

F2 La route d'accès *(dép. juste après le manoir)* passe devant la **colonne Doyle** érigée à la mémoire de sir John Doyle, gouverneur de 1803 à 1815. Une plaque y indique les distances entre chaque île, des îles à l'Angleterre, et entre les îles et la France.

De **St-Martin's Point**, belle **vue** sur la pointe rocheuse terminée par un petit phare ; au loin, on aperçoit, de gauche à droite, Aurigny, Herm, Sercq et Jersey.

De **Jerbourg Point**, qu'occupe un agréable hôtel-restaurant, vue sur les **Pea Stacks**, groupe de rochers plantés dans la mer, sur la baie du Moulin-Huet et, au large, sur les autres îles de l'archipel.

Moulin Huet Bay★

F2 En 1883, **Pierre-Auguste Renoir** (1841-1919), alors en villégiature à Guernesey, vint ici à plusieurs reprises, fasciné par les lumières du soleil couchant sur les rochers roses, les cavernes et autres anfractuosités... et il en repartit avec une quinzaine de toiles. Cinq cadres ont été disposés aux endroits précis où le peintre a travaillé, recréant ainsi un parcours

I. Lainey/Michelin

Ruette tranquille à Guernesey.

« Sur les pas de Renoir » ; sur chacun, un QR code donne accès à un commentaire audio. artforguernsey.com/renoir.
Le torrent, qui servait à faire tourner le moulin et qui a donné son nom à la baie, se jette de la falaise sur un amoncellement de rochers. Lui faisant suite, l'**anse sableuse de Petit Port** à laquelle on accède à marée basse par un escalier assez raide, constitue l'un des meilleurs endroits de l'île pour la baignade.

Icart Point★★

F2 Après avoir pris le bus 81 (arrêt Icart Corner) ou laissé votre voiture au parking, promenez-vous le long des sentiers côtiers, avant de revenir savourer une tasse de thé tout en profitant des **vues★** superbes sur la côte. À l'ouest se succèdent de paisibles **plages de sable fin** ; à l'est, **Saint's Bay** accueille les bateaux de pêche.

La Grand-Mère du Chimquiere★

F2 *Sur la route principale, à St-Martin.*
À l'entrée du cimetière qui entoure l'église de **St-Martin-de-la-Bellouse**, se dresse cette étonnante sculpture de granit, datant d'il y a 40 ou 45 siècles… mais retravaillée (les traits du visage notamment) à la fin de l'époque romaine. Symbole de fertilité, elle reçoit toujours des pièces de monnaie et des fleurs en guise d'offrande, notamment lors des mariages célébrés dans l'église.

German Occupation Museum

E2 *À Forest (après avoir contourné l'église en suivant la signalisation) - ✆ 01481 238 205 - www.germanoccupationmuseum.co.uk - avr.-oct. : 10h-16h30 ; nov.-mars : 10h-13h - 6 £ (enf. 3 £).*

Petite cafétéria et jardin.

Les lecteurs du *Cercle littéraire des amateurs d'épluchures de patates* (de M. A. Schaffer) visiteront avec émotion ce musée qui fait revivre le quotidien de l'époque de l'occupation allemande, de juin 1940 à mai 1945 : armement, matériel, souvenirs de déportés, articles de journaux et affiches plantent le décor.

La reconstitution d'une rue sous l'Occupation évoque plusieurs endroits de St Peter Port, tandis que d'autres documents sur la vie quotidienne, les privations, l'héroïsme de certains et les petites lâchetés d'autres, plongent le visiteur dans l'atmosphère du roman... tout comme le petit café d'époque où vous pourrez déguster un thé accompagné d'une part de gâche.

Petit Bot Bay★

F2 *Au sud de Forest.*

On gagne les lieux en suivant une charmante route ombragée qui descend en lacet parmi de belles villas entourées de luxuriants jardins. Cette petite baie, ourlée d'une **plage** de sable à marée basse et dotée d'un salon de thé, s'étend au pied d'une vallée dominée par une tour de défense (1780).

Torteval

E2 Un bien joli nom pour la plus petite des dix paroisses de l'île. Très haut, le clocher de l'église sert d'amer aux marins qui croisent dans les parages.

Pleinmont Point★

E2 De ce promontoire, la **vue** embrasse l'île de Lihou, Rocquaine Bay et le **phare des Hanois**, « l'un des plus redoutables assassins de la mer [...] qui attendait en traître les

Terre de naufrages

Les récifs qui entourent les îles, combinés au brouillard et aux forts courants, causèrent bien des naufrages, et ce, depuis des temps forts lointains comme en témoigne l'épave d'un vaisseau gallo-romain à Guernesey. En 1120, la ***Blanche Nef*** *sombra, avec à son bord l'héritier du trône d'Angleterre et plus de 140 hauts barons normands : il n'y eut aucun survivant. Le 30 mars 1899, le* ***Stella****, un paquebot de la London & South Western assurant la liaison entre Southampton et les îles, était pris dans le brouillard, près de la baie des Corblets (Aurigny). Il heurta un rocher et sombra en 8 minutes, faisant 112 victimes... Mais certains naufrages sont moins dramatiques. En 1937, un vapeur français, le* ***Briséis****, heurta le rocher des Grunnes au large de Guernesey : si les 27 hommes d'équipage furent sauvés, il n'en alla pas de même des 7 000 barriques de vin que le cargo avait chargées à Oran. Les mauvaises langues assurent que bien des sauveteurs revinrent ivres morts de leur mission...*

Le dernier naufrage en date eut lieu en mars 2011 : les cinq marins du fileyeur ***Cap Lizard*** *qui a sombré près d'Aurigny furent sains et saufs.*

Le privilège des pions
*À Portelet, la **Table des Pions** se révèle être un anneau de pierres bordé d'une tranchée et couvert d'herbe. Lors de la chevauchée de St-Michel, les pions (jeunes hommes assistant les dignitaires du fief de St-Michel) s'asseyaient à cette table pour se restaurer, les pieds dans la tranchée, tandis que leurs supérieurs étaient reçus à Fort Pezeries. Tous les trois ans, jusqu'en 1837, les dignitaires et leurs pions inspectaient les routes de l'île. L'un de leurs privilèges était de pouvoir embrasser toute jeune femme rencontrée !*

navires dans la nuit », selon Victor Hugo, toujours enthousiasmé par le spectacle des tempêtes. Il est vrai qu'il est entouré de récifs et que la côte sud y est particulièrement déchiquetée.
La **Pleinmont Observation Tower**, poste de surveillance naval bâti pendant la Seconde Guerre mondiale, se visite et offre un point de vue privilégié (*✆ 01481 238 205 - avr.-oct. : merc. et dim. 14h-16h30 - 3 £, enf. 1,50 £*). Les amateurs apprécieront aussi la **batterie Dollman**, l'un des rares canons français du genre, restauré dans son camouflage d'origine.
En regardant vers l'est jusqu'à la **pointe de la Moye**, la plus petite des avancées de la côte sud, on découvre le littoral, percé de baies et de grottes puis, bordé à l'ouest par le Gouffre – un site (à tomber pour ses vues) mais d'un accès relativement difficile le long de la falaise. À l'est, le sentier se prolonge par un escalier menant à une crique abritée.

Pezeries Point★★

E2 Un paysage désolé marque l'extrême limite occidentale des îles Anglo-Normandes. On y aperçoit les ruines d'un fort construit à l'époque napoléonienne pour défendre la baie de Rocquaine.

Portelet Harbour

E2 Charmant petit port de pêche adossé à quelques maisonnettes. Un sympathique hôtel-restaurant et une guinguette agrémentent un lieu fort couru aux beaux jours.

Rocquaine Bay★

E2 S'étendant entre Portelet et la pointe de l'Érée, cette longue baie bordée d'une **plage** de sable et parsemée de rochers et autres récifs, est interrompue par **Fort Grey**, un château médiéval que les habitants de l'île ont surnommé « la Tasse avec soucoupe » (quelques privilégiés pourront même monter sur son toit accessible quelques jours par an au printemps à l'occasion du Channel Islands Heritage Festival, *p. 124*). Une tour Martello lui fut ajoutée en 1804 ; peinte en blanc, elle sert d'amer aux marins et abrite le **Fort Grey Shipwreck Museum**, en grande partie consacré, comme son nom l'indique, à la centaine de naufrages qui endeuillèrent la côte ouest de l'île (vestiges de plusieurs épaves), et à l'archéologie sous-marine. *St Pierre du Bois - ✆ 01481 265 036 - www.museums.gov.gg - de fin mars à déb. nov. : 10h-16h30 - 4 £ (7-18 ans 1,50 £).*

Erée Headland

(pointe de l'Érée)

E2 Dominée par la haute tour du fort Saumarez, cette pointe ferme la baie.

En suivant le chemin qui mène à l'île de Lihou, on découvre le dolmen **le Creux-ès-Faies** (2000 à 1800 av. J.-C.). Selon la croyance populaire, cette tombe préhistorique conduirait au pays des fées.

Lihou Island

E2 *Accessible à marée basse par une chaussée - vérifier les heures des marées avant de s'engager.*
En 1114, un prieuré bénédictin dédié à N.-D.-de-la-Roche fut érigé sur cette île. Il en subsiste encore quelques vestiges. Au début du 20e s., l'île connut une certaine activité industrielle grâce à la production d'iode à partir d'algues. À l'ouest, des bassins naturels creusés dans les rochers appellent à la baignade.

Dolmen du Trépied

E2 *Catioroc Point.*
Aux 16e et 17e s., selon la légende, les sorcières se retrouvaient en ce lieu chaque vendredi soir pour rencontrer le diable. La chambre funéraire, située à l'extrémité sud de la baie de Perelle, fut découverte en 1840 par un archéologue local, Frederik Lukis.

St Apolline's Chapel★

E2 *La Grande-Rue, Perelle.*
Une charte de Richard II de 1394 fait mention de cette chapelle sous le nom de Ste-Marie-de-la-Perelle. L'intérieur est décoré d'une fresque (14e s.) représentant la Cène.
En continuant vers le centre de l'île, vous découvrirez l'église de **St Saviour**, qui domine un vallon idyllique où se niche une sympathique auberge. Difficile d'imaginer qu'en ce lieu paisible, où les lapins détalent devant les promeneurs, se cachent des tunnels ayant servi sous l'Occupation de dépôt de munitions !

Vazon Bay★

E1 Elle s'étend au sud de fort Hommet. Sa longue **plage** de sable est propice à la fois aux bains de soleil et aux promenades, mais aussi aux sports de glisse lorsque la houle s'y prête. La baie accueille encore la **Guernsey Surf School**, l'un des plus anciens clubs au monde (*☏ 07911 710 789 - www.guernseysurfschool.co.uk).*
En poursuivant vers Côbo Bay, vous apercevrez, enterré dans les dunes, **Fort Hommet**, un bunker restauré de la Seconde Guerre mondiale (*☏ 01481 238 205 - avr.-oct. : mar. et sam. 14h-16h30 - 3 £, enf. 1,50 £).*

Côbo Bay★★

E1 Longue baie idéale pour la baignade et la planche à voile. Les nombreux rochers de granit rose qui parsèment les eaux cristallines se prêtent à l'exploration sous-marine. Au crépuscule, ils prennent des formes d'animaux fantastiques (lion, chameau gigantesques)...
De la batterie allemande située sur **Grandes Rocques** (pointe rocheuse), la vue est splendide sur les baies sableuses en forme de coquille Saint-Jacques qui se succèdent le long de la côte, notamment la petite baie de **Port-Soif**, à l'est, dotée comme il se doit d'un sympathique café.

LE CLOS DU VALLE★★

Pour découvrir la pointe nord-est de l'île, partez de St Peter Port et suivez la côte. Comptez une demi-journée.

GU 118

Jusqu'en 1806, la contrée connue sous le nom de « Clos du Valle » était une île, séparée de Guernesey proprement dite par un chenal soumis au rythme des marées. Ce chenal, le Braye du Valle, s'étendait de St Sampson au Grand Havre. Un pont le traversait à St Sampson (son souvenir subsiste dans la toponymie, avec le quartier appelé « the Bridge »), ainsi qu'une route, à Vale Church. Pour des raisons de sécurité militaire, le chenal fut comblé sur ordre du général **sir John Doyle**, gouverneur de Guernesey entre 1803 et 1815.

Ivy Castle ou château des Marais

F1 *Ivy Castle Lane, à la sortie de St Peter Port.*
Un château médiéval en ruines, protégé par des douves et un mur d'enceinte, couronne une butte autrefois cernée de marais, d'où son nom d'origine aujourd'hui supplanté par celui d'Ivy Castle (château au Lierre) à cause de la plante qui a envahi ses murs. Bâti sans doute après la perte de la Normandie par Jean sans Terre, le château fut la principale fortification de l'île jusqu'à la construction de Castle Cornet. Fortifié à nouveau au 18e s., le château reprit du service sous l'Occupation, lorsque les Allemands y édifièrent un bunker.

St Sampson

F1 Séparé de St Peter Port par **Belle Greve Bay**, St Sampson, le port industriel de l'île, s'est développé au 18e s. avec la construction navale, supplantée au siècle suivant par les exportations, vers le Royaume-Uni, de granit utilisé notamment pour le revêtement des routes.

L'église, dont l'origine remonte au 6e s., possède un clocher roman. Elle honore saint Sampson, né à Llantwit Major, dans le sud du pays de Galles, et qui est venu évangéliser l'île.

Vale Castle★

F1 Ce château médiéval, aujourd'hui en ruines, fut élevé à l'emplacement d'un ancien site fortifié datant de l'âge du Fer. Ses hautes murailles et ses tours rondes sont particulièrement impressionnantes vues du nord. Le panorama s'étend sur la côte est : au large les **récifs des Casquets**, Aurigny au nord, Herm et Sercq à l'ouest, et Jersey au sud. L'endroit inspira Victor Hugo qui y situa certaines scènes de son roman *Les Travailleurs de la mer.*

Bordeaux Harbour

F1 Cette petite baie, propice à la baignade, abrite un port où viennent s'amarrer des bateaux de pêche.

Dolmen de Dehus

F1 Cet impressionnant monument mégalithique, enfoui sous un large tumulus, cache une **tombe à couloir** composée d'une chambre principale et de quatre chambres secondaires dotées de dalles de couverture en granit. L'une d'elles, au plafond de la chambre principale, est ornée d'une figure anthropomorphe barbue dénommée le « Gardien du tombeau ». Selon les archéologues, cette figure humaine serait encore plus ancienne que la sépulture, déjà vieille de quelque 4000 ans...

Beaucette Quarry Marina

F1 Une brèche a été ouverte dans une ancienne carrière *(quarry)* de diorite pour aménager un port de plaisance bien abrité.

Fort Doyle★

F1 Encore un fort, élevé cette fois au milieu du 19e s. pour défendre Little Russel, un bras de mer situé entre Guernesey et Herm. La **vue★** est magnifique : on distingue Aurigny et la côte française au nord, Herm et Sercq à l'est.

Fort Le Marchant

F1 Posé sur la pointe la plus septentrionale de l'île, ce fort porte le nom du fondateur de la fameuse école militaire de Sandhurst, située en Angleterre. Il permet de découvrir une belle **vue** sur la baie sablonneuse de L'Ancresse et sur L'Ancresse Common.

L'Ancresse et Pembroke Bays

F1 Une **tour Martello** veille encore sur cette baie appréciée des baigneurs et des surfeurs, notamment dans sa partie occidentale et près du fort Pembroke.

L'Ancresse Common

F1 Cette vaste pelouse est utilisée comme pâturage pour le bétail, mais aussi et surtout pour toutes sortes d'activités de plein air : promenades, courses de chevaux, cerf-volant et golf (le **Royal Guernesey Golf Club** y est installé). La côte qui la borde est hérissée de tours défensives et de forts, dressés pour se prémunir d'une éventuelle tentative d'invasion par Napoléon. D'intéressants sites archéologiques ont été découverts dans les environs, comme le dolmen **les Fouaillages**, sépulture sans couverture vieille de 7000 ans, et le **dolmen de la Varde**, la plus grande tombe préhistorique de Guernesey.

Vale Church

F1 L'église St-Michel-du-Valle a été consacrée en 1117 à l'emplacement d'une chapelle dédiée à saint Magloire qui, en compagnie de saint Sampson, évangélisa l'île au 6e s. Cette église biscornue possède des murs de guingois et un axe de chœur décalé par rapport à celui de la nef.

Grand Havre

F1 Pour avoir la meilleure vue de cette baie étendue à l'ouest de Braye du Valle, il faut vous placer sur la pointe de la Rousse. Sa tour de 9 m de hauteur, l'un des quinze postes de garde construits entre 1778 et 1779, est ouverte au public.
En face, **Ladies Bay** propose une plage de sable fin parsemée de rochers de granit.

Guernsey Freesia Centre

F1 *Route Carre, St-Sampson - ✆ 01481 248 185 - freesiasbypost.com - visites lun.-sam. (dim. à partir d'avr.) - gratuit.*
Sur le chemin du retour vers St Peter Port, un arrêt s'impose dans ces serres pour découvrir, sur plus d'un hectare, les différentes étapes de la culture des freesias (*aussi boutique, p. 93*).

Oatlands Village

F1 *✆ 01481 244 721 - www.oatlands.gg - ♿ - 9h-17h (20h vend.).*
Les hangars d'une ancienne briqueterie abritent des ateliers, des boutiques d'artisans d'art et de produits locaux, quelques antiquaires, etc. Jeux pour les enfants et salon de thé.
Aujourd'hui éteints, les deux grands fours à briques fonctionnèrent de 1800 à 1930.

Herm★

Ni foule, ni voitures… Aucune source de nuisances, sinon le clapotis de la mer et le chant des oiseaux… Juste une poignée d'habitants accueillants et quelques touristes en quête de paix… L'absence de grands centres touristiques, les quelques sentiers sillonnant ce petit bout de terre, les landes, les dunes et les bois font tout le charme de la minuscule voisine de Guernesey. Vous découvrirez ici un authentique paradis terrestre riche de paysages grandioses, de plages de sable blanc et d'une nature préservée.

Accès : en bateau uniquement, de Guernesey par les vedettes de la compagnie Travel Trident : 20mn (*p. 105*).

Carte de l'île sur plan détachable.

Conseil : une journée suffit pour découvrir l'île.

« Nos adresses » p. 84, p. 89, p. 100.

À marée haute, le bateau accoste au petit port, le long de l'unique quai, au bout duquel une grue centenaire est toujours en service. À marée basse, il accoste à la Rosière ou en repart ; ce petit embarcadère est situé à quelque 200 m de là, au-delà de l'hôtel de l'île. En fonction de votre heure de retour, consultez l'ardoise (sur le bateau ou au bout de la jetée) qui vous indiquera votre lieu d'embarquement.

LE SENTIER CÔTIER★

Comptez 2h pour faire le tour de l'île, plus le temps d'une baignade ou d'une séance de bronzage.

Ce **sentier côtier** garantit de belles vues sur les côtes, sableuse et rocheuse, et les récifs alentour, ainsi que sur les autres îles Anglo-Normandes : Guernesey au loin, Sercq plus proche et, au sud, la petite île de **Jethou** *(propriété privée)*, séparée de Herm par un étroit chenal. Refuge de nombreux oiseaux, elle donne l'impression d'une colline émergeant de la mer.

Du port, suivez la côte vers le nord.

Passées quelques maisons (une taverne, des boutiques de souvenirs et d'accessoires de baignade), on longe d'abord des plages de sable cernées par une végétation quasi méditerranéene.

The Common

Les **dunes** règnent incontestablement sur cette partie nord de l'île, et forment un véritable domaine qu'on appelle ici « The Common ». Attention, la végétation peut y être piquante ! Dominant la pointe nord de l'île, une butte, **Le Grand Monceau★**, révèle un panorama magnifique sur les étendues de sable, les rochers et les îles. À l'horizon, on distingue l'île d'Aurigny et, à l'est, les côtes françaises. Au premier plan, l'obélisque de pierre surnommé

Du bon usage du paradis

Propriétaire de l'île depuis le 10ᵉ s., la Couronne anglaise la loue, vers 1737, au prince allemand ***Gebhard Blücher von Wahlstatt****, un descendant du fameux général Blücher, celui dont l'arrivée à Waterloo consomma la défaite de Napoléon. C'est ce locataire qui entreprend d'aménager les lieux. Après 1945, le bailliage de Guernesey décide de l'acheter. Il la loue quatre ans plus tard au major* ***Peter Wood*** *qui, avec sa femme* ***Jenny****, transforme peu à peu les lieux envahis par les ronces en une sorte de jardin paradisiaque. En 2008, le bail est transféré à un organisme à vocation charitable, Herm Island Ltd, qui se charge d'exploiter le potentiel touristique de l'île en édictant des règles, parfois contraignantes : ainsi, les insulaires sont tous employés dans l'île ; quant aux visiteurs, ils sont tenus de ne pas y séjourner sans réservation, et de s'abstenir de tout équipement audiovisuel...*

la **Pierre aux Rats** fut érigé à l'emplacement d'un ancien menhir, qui servait jadis d'amer aux marins, et qui fut détruit par inadvertance par des carriers. **Le Petit Monceau** est le pendant occidental de la collline du

Grand Monceau. Les autorités locales aimeraient garnir l'éminence d'œuvres d'art... Il arrive que des sculptures y soient exposées, comme, en 2010-2012, l'œuvre énigmatique du célèbre sculpteur anglais **Antony Gormley**, intitulée *Another Time Eleven*.

Shell Beach
(Plage des Coquillages)

Parmi les très belles plages du secteur, celle-ci doit son nom aux myriades de coquillages que la mer y dépose, marées et Gulf Stream aidant.

Cliffs
(Les falaises)

Plus au sud, le sentier tracé en corniche commence à se faire un peu plus raide : on entre dans la zone des falaises de granit qui plongent abruptement dans la mer. Le contraste avec les paysages rencontrés jusque-là est saisissant.

On s'attardera devant **Belvoir Bay**, petite crique propice à la baignade et à la plaisance, ou à la méditation pour ceux qui préféreraient la terrasse du café dominant la mer.

Sauzebourge Point ménage une belle vue sur Jethou à l'ouest, Guernesey au loin et l'île de Sercq à l'est.

Manor Village

Un chemin goudronné et assez pentu conduit du port au centre de l'île où, juchées sur une arête rocheuse, quelques maisons *(dont certaines proposées à la location)* et fermes constituent le « hameau du manoir », seule agglomération de l'île.

Aménagé par le prince Blücher, le **manoir** du 18ᵉ s., flanqué d'une solide tour carrée crénelée, domine ce village de granit.

L'église **St Tugual** (11ᵉ s.) a été restaurée. Elle fut construite sous le règne de Robert le Magnifique, alors duc de Normandie. Dans son minuscule cimetière fleuri reposent Peter et Jenny Wood, à l'origine du développement de l'île *(**☛ encadré ci-dessus**).*

Sercq★★

Sark

Pour amateurs de calme et d'horizons infinis ! Des paysages à couper le souffle... sur 5 km² à peine de superficie. Pour l'anecdote, Sercq était encore il y a peu le dernier État féodal d'Europe. Mais c'est moins cette originalité que la beauté de sa nature qui assure sa renommée. L'absence totale de voitures n'y est pas étrangère : seuls y roulent les tracteurs des fermiers et, en saison, les chars à bancs transportant les touristes...

▶ **Accès :** en bateau uniquement, de Guernesey, par la compagnie Sark Shipping : 45mn env. Il est prudent de réserver (*p. 105*).

Carte de l'île sur plan détachable.

▶ **Conseil :** n'hésitez pas à passer une nuit sur l'île de façon à profiter pleinement de ce lieu enchanteur.

« Nos adresses » p. 84, p. 89, p. 101.

L'île de Sercq mesure environ 4,8 km de long sur 2 km de large. Elle se divise en deux parties : Grand Sercq et Petit Sercq, reliées entre elles par **la Coupée**, une langue de terre revêtue d'une chaussée et bordée d'un parapet. À l'ouest, Sercq est séparée de l'île de Brecqhou par le passage Gouliot. Une journée suffit pour découvrir cette île à pied (ou à vélo : mais attention aux raidillons parfois coupe-jarrets !).

GRAND SERCQ (Great Sark)

Maseline Harbour

C1 Dès l'arrivée à Maseline Harbour, on peut louer des bicyclettes, monter dans une voiture à cheval, ou encore partir à pied au hasard des routes et des chemins. Très souvent, une chaîne s'organise de manière spontanée pour débarquer les bagages et les disposer dans les charrettes tirées par des tracteurs. À la sortie du tunnel, le « bus » local (Harbour Hill Transport), un char à bancs tiré par un tracteur, emmène les voyageurs jusqu'à la Collinette, terme d'un raidillon de 800 m (Harbour Hill).

Creux Harbour★

(Port le Creux)

C1 *De port Maseline, on y accède par un tunnel.*

Ce pittoresque petit port bien abrité est utilisé comme débarcadère quand l'orientation des vents exclut tout accostage à Maseline Harbour. Les hydroglisseurs en provenance de France (*via* Jersey) y accostent régulièrement. Bateaux de pêche et de plaisance viennent s'y amarrer.

La Collinette

C1 C'est le nom de la plus importante agglomération de l'île, perchée au sommet d'une colline. La rue principale, pompeusement baptisée

La piste aux étoiles

*En 2011, l'International Dark Sky Association, à l'origine de programmes de protection du ciel étoilé et du paysage naturel nocturne, décernait à l'île de Sercq le statut **Dark Sky**, la reconnaissant ainsi comme un espace protégé de la lumière artitificielle. Forte de cette distinction, l'île développe le tourisme astronomique. www.sastros.sark.gg.*

The Avenue, aligne boutiques (dont une supérette) et estaminets en tout genre. C'est là que vous trouverez le **Visitor's Centre** (office de tourisme) ainsi que des loueurs de vélo. Tout au bout à gauche, près de l'école, se trouve la **prison**, dotée de deux cachots (1856).

St Peter's Church

C1 *En direction d'Eperquerie Common, par un chemin à droite (à hauteur de l'office de tourisme).*

Dans cette église du 19e s., chaque prie-dieu possède un coussin brodé par les femmes de l'île. Les motifs varient selon les noms des propriétaires.

La Seigneurie★

C1 *01481 832 208 - www.laseigneuriegardens.com - ♿ - de Pâques à fin oct. : 9h-18h - 6 £ (enf. 2 £).*

Résidence officielle du **seigneur de Sercq**, ce manoir fut bâti à l'emplacement d'un monastère fondé au 6e s. par saint Magloire.

Sa construction commença en 1565, date à laquelle **Hélier de Carteret** reçut de la reine Élisabeth le titre de seigneur de Sercq. Le manoir fut agrandi en 1730 par les Le Pelley, alors seigneurs de Sercq, tandis que la tour carrée, véritable observatoire sur les îles, fut édifiée en 1860 par un de leurs successeurs, le révérend William Collings. Cette belle demeure de pierre et de granit est protégée des vents par un rideau d'arbres et d'imposants murs. Dans les luxuriants jardins, en grande partie dus à **Sibyl Hathaway,** la célèbre dame de Sercq (*p. 144*), abondent fleurs et arbustes. On y remarquera un beau colombier de pierre et de brique.

Pour une agréable pause dans ce cadre enchanteur, le café du manoir propose des collations.

Eperquerie Common

C1 Cette vaste esplanade où le poisson était jadis mis à sécher, s'est mue aujourd'hui en une aire de pique-nique et de détente.

Port du Moulin★★

C1 *Après la Seigneurie, on prend une route à gauche qui devient vite un sentier serpentant sur la falaise.*

En suivant l'indication « Window and Bay », on arrive à la **Fenêtre dans le rocher** *(Window in the Rock),* entaille en forme de fenêtre creusée dans la roche. La **vue★** est saisissante sur le chaos rocheux de Port du Moulin.

Revenez sur vos pas et prenez à gauche le sentier qui mène à Port du Moulin.

Cet endroit, très prisé des baigneurs, est entouré d'arches et d'abrupts rocheux aux formes fantasmagoriques, accessibles pour certains à marée basse. C'est le cas

des **Autelets**, trois colonnes de granit qui se dressent à droite de la baie.

Pilcher Monument ★

C1-2 Cet obélisque de granit fut érigé à la mémoire d'un marchand londonien, J. Pilcher, qui périt en mer avec trois compagnons en 1868 en tentant de revenir à Guernesey.
Du pied du monument, belle **vue** sur la côte et, plus loin, sur les îles.
Un chemin descend jusqu'au **havre Gosselin**, seul point d'accostage possible sur la côte ouest de l'île.

Derrible Bay

C2 *De Petit Dixcart, prenez à gauche un chemin caillouteux, puis un autre à droite qui longe un champ.*
Au-delà de la fourche, à gauche, s'amorce la descente vers la baie, à travers un paysage ombragé.
Avant d'arriver, remarquez à droite le **creux Derrible**, trou profond creusé dans la falaise de granit.
Revenez en arrière et à la fourche, prenez à gauche.

Hog's Back★

C2 Ce promontoire couvert d'ajoncs sépare la baie Derrible de la baie Dixcart. À gauche, la **vue** est saisissante sur la pointe et la baie Derrible, à droite sur la baie Dixcart ; encore plus à droite, on aperçoit la Coupée et Petit Sercq.

La Coupée★★★

De cet isthme étroit franchi par le chemin (heureusement muni de parapets) qui relie les deux îles, le spectacle est grandiose : de part et d'autre, les falaises plongent dans la mer d'une hauteur de 80 m !
À l'ouest, la vue s'étend vers Brecqhou, Jethou, Herm et Guernesey.
À l'est, on distingue les côtes de Jersey. En se retournant, on peut voir les côtes françaises se profiler à l'horizon.
Au pied de la falaise à droite, un escalier mène à la baie de la **Grande Grève** : un appel à la baignade en été. La chaussée et le garde-fou furent aménagés en 1945 par des prisonniers de guerre allemands sous le contrôle des Britanniques.

PETIT SERCQ (Little Sark)

C2 Au sud de l'île se dressent encore les cheminées d'anciennes mines d'argent aujourd'hui abandonnées et envahies par la végétation.

Venus Pool
(Bassin de Vénus)

Un sentier longeant les cheminées par la gauche descend jusqu'à un bassin circulaire, visible uniquement à marée basse, creusé sous les falaises par la mer : un lieu magique pour se baigner.

Port Gorey

On y accède à marée basse en partant du bassin de Vénus. Passé devant le **bassin de Jupiter** *(Jupiter's Pool),* on contourne la baie de Plat Rue. En empruntant les sentiers qui serpentent sur la falaise à travers bruyères, ajoncs et genêts, on aborde Port Gorey par les hauteurs. La vue sur la calanque se révèle alors particulièrement impressionnante.

Aurigny

Alderney

Au printemps, genêts, bruyères et pâquerettes tapissent le sol de l'île. Sur les rochers, des milliers d'oiseaux de mer, fous de Bassan, macareux, pétrels et guillemots se rassemblent en colonies. À marée basse, les bassins creusés dans le roc révèlent anémones de mer, coraux et ormeaux… La nature sauvage de cette île exposée à tous les vents fait décidément d'Aurigny « la discrète » un lieu idéal pour les flâneries hors des sentiers battus.

Accès : en bateau, de Guernesey ou Diélette (Manche) (*p. 3 et 105)*; ou en utilisant les petits avions jaunes de la compagnie locale (15-20mn à partir de l'aéroport de Guernesey) (*Aurigny, p. 104)*. Si le temps s'y prête, le spectacle sera au rendez-vous.

Carte de l'île sur plan détachable.

Conseil : comptez une grande journée pour faire le tour de l'île, en voiture ou en suivant les sentiers de randonnée.

« Nos adresses » p. 85, p. 89, p. 93, p. 95, p. 101.

L'île d'Aurigny, la plus septentrionale de l'archipel anglo-normand, ne se trouve qu'à 15 km des côtes du Cotentin ! Vaste plateau dénudé balayé par les vents, elle s'étend sur 5,6 km de long et 2,4 km de large, soit une superficie de près de 8 km^2. Aurigny est entourée de récifs et bordée au sud de falaises granitiques. Deux détroits, le **Swinge** et le **Race**, longent ses côtes au nord-ouest et au sud-est. Ses habitants sont appelés « Ridunians » et sa capitale est St Anne.

ST ANNE

A Perché sur une colline, et appelé localement « la ville », l'unique village de l'île déroule ses petites rues pavées entre de belles demeures en granit agrémentées de fleurs et de paniers suspendus. Il évoque de façon assez frappante les villages du Cotentin tout proche.

À l'origine, les habitations de St Anne étaient groupées autour de **Marais Square** et du **Huret**, où les gens se rassemblaient pour décider du moment de la récolte du varech, utilisé comme engrais. Au 15e s., des Guernesiais s'établirent à l'est de Marais Square ; puis au 18e s., l'habitat se transforma grâce au butin rapporté par les corsaires du lieu. Les tuiles remplacèrent les toits de chaume, le premier palais de justice vit le jour et le gouverneur donna à sa résidence un éclat particulier.

Au début du règne de Victoria (1837-1901), la population de St Anne s'accrut avec l'arrivée d'immigrants irlandais venus cultiver la terre et de troupes anglaises ; Queen Elizabeth II Street, Victoria Street et Ollivier Street datent de cette époque.

Butes

À l'entrée de St Anne, dominant la mer et le port de Braye, cette esplanade, reconnaissable à son terrain de cricket, dégage de belles vues sur la baie de Braye au nord-est, la baie de Crabby, le Swinge et les récifs des Casquets au nord-ouest.

Victoria Street

La rue principale de St Anne, autrefois rue du Grosnez, fut rebaptisée après la visite de la reine Victoria en 1854. C'est ici que vous trouverez la plupart des commerces, les pubs et le cinéma, principal lieu de distraction en ville.

St Anne's Church

Consacrée en 1850, la « cathédrale des îles de la Manche » avait été commanditée par le révérend **Jean Le Mesurier**, fils du dernier gouverneur héréditaire de l'île. Cette fonction, exercée par toute une dynastie de Jean ou John Le Mesurier, fut abolie en 1825.

L'édifice, bâti en granit et pierre de Caen par l'architecte anglais George Gilbert Scott, est représentatif du style victorien, pastiche néo des arts roman et gothique. L'intérieur peut surprendre par sa grandeur. L'église avait en effet été conçue pour recevoir de nombreux fidèles : à la population locale et aux nouveaux arrivants, il fallait ajouter la garnison britannique. La nef est divisée en 18 travées.

À la croisée du transept, quelques marches conduisent au chœur recouvert d'un pavement de pierres noires et blanches. Sur le lutrin, à côté d'une Bible en anglais, une Bible en français rappelle que cette langue était autrefois parlée sur l'île.

On remarque, à proximité de l'église Ste-Anne, le **clocher** de l'ancienne église (1767) détruite pour faire place à l'édifice actuel.

Dans le joli petit cimetière, ne ratez pas le **Millenium path**, un sentier en mosaïque de pierres représentant l'église, un bateau, etc. Ce joli ouvrage a été réalisé par les membres des clubs, sociétés et familles d'Aurigny pour marquer l'entrée dans le 3e millénaire.

Alderney Museum

✆ 01481 823 222 - ♿ - www.alderneysociety.org - avr.-oct. : 10h-12h, 14h30-16h30, w.-end 10h-12h - 3 £ (enf. gratuit).

Installé dans l'ancienne école fondée en 1790 par le gouverneur de l'île, ce musée d'histoire locale rassemble objets et documents par thèmes. Vous pourrez choisir entre les collections préhistoriques (hache en cuivre datant du 2e millénaire av. J.-C.), les objets de la vie quotidienne d'autrefois (céramiques, pipes) ou l'évocation des moulins à eau du Moyen Âge. L'occupation allemande et le traumatisme de l'évacuation de l'île font l'objet d'une attention particulière. Et côté mer, toute une section est dévolue à la fameuse épave élisabéthaine trouvée dans les eaux d'Aurigny, ainsi qu'aux aménagements portuaires réalisés à l'époque victorienne.

Royal Connaught Square

Centre animé de la ville au 18e s., cette charmante placette doit son nom à la visite du duc de Connaught, troisième fils de la reine Victoria, en 1905.

Côté nord, **Island Hall**, un élégant bâtiment en granit, fut agrandi en 1763 et devint dès lors la résidence officielle du gouverneur.
À quelques pas, **Mouriaux House** fut construite en 1779 comme résidence privée.

Court House

01481 820 050 - www.courtofalderney.gg - visite seult avec un guide dans le cadre de la visite à pied de St Anne (se rens. auprès de l'office de tourisme : tourism@alderney.gov.gg ou + 44 (0)1481 822 333 - 4 pers. mini).
Le palais de justice, situé dans Queen Elizabeth II Street (autrefois New Street), remonte à 1850. Au premier étage se situe la salle des audiences, où se tiennent les séances des États d'Aurigny. Cette salle a été restaurée en 1955.

LE TOUR DE L'ÎLE

Comptez une journée.
Vous pouvez entreprendre le tour de l'île à pied, en suivant les différents sentiers tracés sur les falaises. L'office de tourisme propose un itinéraire *(16 km)* baptisé *Coast path challenge* et balisé par des pierres blanches.
En voiture, vous devrez de temps à autre emprunter quelques chemins plus ou moins caillouteux pour vous rapprocher de certains sites.

Braye Port

A Le port, dominé par fort Grosnez, est protégé de la haute mer depuis 1852 par un brise-lames long de près d'un kilomètre. Lorsque la mer est grosse (ce qui est assez fréquent), le spectacle des vagues venant s'écraser sur cette digue en déployant des gerbes d'écume est particulièrement spectaculaire… et parfois même terrifiant !
Ouvrant une véritable rue entre le port proprement dit et la « gare » du chemin de fer, les **Arches Warehouses** sont d'anciens entrepôts aménagés au 18e s., qui évoquent irrésistiblement par leur silhouette leurs confrères des cités hanséatiques. Ils abritent aujourd'hui plusieurs restaurants, cafés, commerces et un bel hôtel.

Alderney Railway

A-B *07911 739 572 - www.alderneyrailway.gg - mai-sept. : w.-end, dép. à 14h30 et 15h30 - 6 € AR (enf. 3 £ AR).*
Ouverte en 1847, cette voie ferrée servait à transporter les blocs

Évacués

Le 23 juin 1940, le gouvernement anglais décidait d'évacuer l'île d'Aurigny. C'est donc une île à peu près déserte (seuls quelques irréductibles refusèrent d'obtempérer) qui fut livrée aux nazis, lesquels s'empressèrent de fortifier les lieux et de mettre en route de funestes projets. Les premiers habitants à revenir, le 15 décembre 1945, trouvèrent une île en ruines et des habitations dévastées. Depuis lors, la date du 15 décembre est ici fériée : c'est le « homecoming day », « jour du retour à la maison ».

de granit de la carrière au port. Aujourd'hui reconvertie dans le trafic des voyageurs, elle permet le passage du dernier train des îles Anglo-Normandes encore en activité, du moins en saison, lorsque les touristes prennent d'assaut les wagons, deux vénérables voitures désaffectées du métro londonien. De Braye Road Station (une simple cabane de bois), elle les conduit jusqu'à la carrière de Mannez tout près de la plage de **Corblets Bay**.

Les insulaires sont d'autant plus attachés à leur train, qu'au moment de Noël, il se transforme en « Santa Special Express » pour la plus grande joie des plus jeunes d'entre eux.

Braye Bay★

(Baie de Braye)

B La plus grande baie de l'île, protégée par le fameux brise-lames, bénéficie d'une plage de sable fin et d'une très belle vue sur le port où sont amarrés bateaux de pêche et de plaisance.

Une longue bande herbeuse, le **Banquage**, ourle la plage. C'est ici qu'autrefois le varech était mis à sécher.

Fort Albert

B À l'est de la baie, le mont Touraille est couronné par cet ouvrage défensif (1853), principal élément de l'ensemble des forts construits à l'époque victorienne. Côté mer, la **vue** embrasse la baie de Braye jusqu'au Fort Grosnez à gauche et, plus loin, le Fort Tourgis. Mais tout à votre contemplation, le dimanche, ne vous étonnez pas des pétarades qui pourraient vous faire sursauter : c'est ici que se rassemblent les amateurs locaux de tir au pigeon pour s'adonner à leur sport favori.

Hammond Memorial

B Pendant l'occupation allemande, quatre **camps** pouvant accueillir jusqu'à 4 500 travailleurs forcés furent installés sur l'île (☛ p. 69). Ce mémorial fut élevé à la mémoire des **déportés** contraints de participer à la fortification de l'île, et dont un bon nombre périt d'épuisement ou suite aux mauvais traitements. Vous pourrez vous recueillir devant les plaques commémoratives rédigées en différentes langues et graphies à la mémoire des déportés raflés par les nazis un peu partout en Europe.

Onze globes pour une île

*Adepte du **land art**, l'artiste britannique **Andy Goldsworthy** a installé en avril 2011, dans onze points d'Aurigny, des globes réalisés dans une sorte de pisé d'un diamètre de 5 pieds (environ 1,52 m), pesant chacun 3 tonnes et contenant des matériaux et des objets, naturels (graines, baies...) ou non (outils...) provenant de l'île... et qui devaient réapparaître lorsque l'érosion aura fait son œuvre. Début 2020, il ne restait plus que 5 globes. Cette réalisation, intitulée **Alderney Stones** (les pierres d'Aurigny), s'inscrit dans le cadre d'un projet élaboré à l'école d'art de Guernesey par l'Art and Islands Foundation (☛ http://artandislands.ericsnell.co.uk/www.artandislands.co.uk/alderney-2/index.html). À vous maintenant de retrouver les traces des globes restants au fil de vos promenades !*

BUMPS
Eating House

La côte Nord

B Deux baies habillées de sable fin et propices à la baignade s'offrent à vos yeux ébahis : **Saye Bay** (où se dissimule un camping à l'abri des dunes) et **Corblets Bay**, idéale pour le surf. Elles sont séparées par un ancien fort, le **château à l'Étoc** (1854), transformé aujourd'hui en résidence privée, tout comme **Fort Corblets** (1855). Un tunnel avait jadis été creusé sous la route pour permettre aux charrettes de ramener le varech de la plage. Du deuxième fort, belle vue sur les rochers.

Mannez Garenne

B Cette partie basse de l'île est dominée par une tour d'observation allemande connue sous le nom d'Odeon et érigée au bord de la carrière. Du haut de ses 32 m, le **phare de Mannez** (1912) alerte les bateaux des nombreux récifs voisins et des forts courants formés par la jonction du Swinge et du Race (ou Singe et Raz Blanchard), les deux détroits qui longent le littoral d'Aurigny.

Trois forts défendaient cette avancée de l'île : les Homeaux-Florains (1858), maintenant en ruines, mais accessibles par une chaussée, Fort Quesnard *(propriété privée)* et Fort Houmet-Herbé, bâti sur un îlot.

✆ 01481 822 333 (office de tourisme) - seult accessible à marée basse.

Raz Island
(Île de Raz)

B *Accessible à marée basse par une chaussée.*

Le **fort** *(propriété privée)* date de 1853. Belle vue sur le château Essex et sur un bloc rocheux accroché à la muraille, le Hanging Rock.

Longis Bay

B À marée basse (et aux beaux jours), les adeptes du bronzage s'adossent à un muret antichar, construit par les Allemands afin de se protéger d'un éventuel débarquement allié. Non loin, aux **Huguettes**, des vestiges datant de l'âge de fer furent découverts en 1968 lors de la création du terrain de golf. Les découvertes mises au jour lors des fouilles sont exposées au musée d'Alderney à St Anne *(p. 64)*. C'est également ici que subsistent quelques traces d'un quai de l'ancien port romain.

The Nunnery

B Daté du 4e s., le « Couvent », cerné d'un mur haut de 5 m, serait la plus vieille fortification de l'île et l'un des forts romains les mieux préservés de l'ouest de l'Europe. Des fouilles archéologiques tentent d'éclaicir cette hypothèse. Nunnery est le site historique le plus important d'Aurigny. Son nom lui a été donné par les soldats britanniques qui y stationnaient à la fin du 18e s..

Château Essex

B Il fut construit en 1840 pour servir de caserne et d'hôpital militaire. Le pavillon fut ajouté par le gouverneur d'alors, qui transforma le domaine en ferme afin de pourvoir en nourriture la garnison du « Couvent ».

La Roche pendante
(Hanging Rock)

B On raconte que si ce bloc rocheux semble pendre de la muraille, ce serait

Barbarie dans les îles

En juin 1940, Aurigny est occupée par l'armée allemande. L'organisation Todt envisage de transformer l'île en une forteresse inexpugnable, partie maîtresse du « mur de l'Atlantique » voulu par Hitler. Pour cela, quatre camps, portant des noms d'îles allemandes de la mer du Nord et pouvant héberger 1500 travailleurs chacun, sont aménagés sous les ordres de deux hiérarques du parti nazi. Aux travailleurs plus ou moins volontaires des premiers mois, succèdent des prisonniers : des Russes capturés sur le front de l'Est, des Républicains espagnols prélevés dans les camps français, des Nord-Africains et des juifs français, ainsi que des Allemands, prisonniers de droit commun. Ils y vivent dans des conditions épouvantables, subissant coups et humiliations continuelles, malnutrition, fièvres, travail forcé... plusieurs centaines d'entre eux meurent sur place. En 1944, un des camps, dit de **Sylt** *(près de l'actuel aéroport) est aménagé en camp de concentration afin d'y accueillir des déportés. Les détenus doivent creuser un tunnel où leurs tortionnaires prévoient, en cas de débarquement allié, de les emmurer. Les prisonniers sont sauvés par un ordre d'évacuation précipité de mai 1944 et doivent être transférés en Allemagne, via la France. Au cours des treize jours de voyage dans un wagon à bestiaux plombé, nombre d'entre eux parviennent à s'évader ; les autres sont internés dans un camp près de Boulogne-sur-Mer, et délivrés par la résistance belge. Les derniers prisonniers à quitter Aurigny, vingt Républicains espagnols, sont transférés début août 1944 à Jersey, au Fort Regent. Ils prennent ensuite une part active dans les actions de sabotage menées contre l'occupant dans l'île, jusqu'à sa libération le 9 mai 1945.*

à cause des habitants de Guernesey qui y auraient accroché une corde afin de remorquer Aurigny... Mission bien entendu impossible, vous diront avec fierté les gens du coin qui tiennent à leur indépendance...

TOUT AU SUD (CLIFF WALK)

A-B Un sentier permet de découvrir cette partie sauvage de l'île bordée de hautes falaises d'une grande beauté, la côte déchiquetée et la vue, impressionnante.

Cachalière

B Après avoir dépassé une vieille carrière, un sentier descend jusqu'à une jetée contre laquelle s'amarraient les bateaux qui transportaient les blocs de granit.

Telegraph Bay★

A La tour de communications (1811) a donné son nom à une baie, propice à la baignade.
Attention, la descente est déconseillée, le lieu n'est accessible que par bateau. On peut toutefois l'observer du haut des falaises et admirer, sur la gauche, les très beaux rochers de la Nache et de Fourquie.

Tête de Judemarre

A De cette pointe, vue sur la côte et les îles de Guernesey, Herm et Sercq. Magnifique vue, également, sur la colonie de fous de Bassan.

L'île aux oiseaux

*Séparée d'Aurigny par le Swinge, l'**île de Burhou** est une réserve naturelle d'oiseaux de mer (plus d'une dizaine d'espèces s'y réfugient, notamment des macareux). Une webcam mise en place par le Alderney Wildlife Trust permet d'observer les oiseaux pendant la période de nidification. D'avril à septembre, des excursions en bateau sont également proposées certains jours (réserv. Sula of Braye - ✆ 01481 822 935 ; Lady Maris II - ✆ 07781 100 829 ; Avante II - ✆ 07781 115 132).*

Vallée des Trois Vaux★

A Crevasse constituée par trois vallées qui se rejoignent sur une plage de galets. Sublime !

Attention ! Certaines sections sont très raides. Et, en cas de chute, pas de réseau de téléphonie mobile pour alerter les secours.

Giffoine

A Vous découvrirez, au-dessus de la baie d'Hannaine, les restes d'une batterie côtière allemande.

Ceux que ce genre de vestige commence à lasser se consoleront avec la **vue** qui se dégage au nord sur les récifs d'Ortac et des Casquets, sur **l'île de Burhou** colonisée par les macareux *(voir encadré ci-dessus)* et sur les **rochers des Étacs★**, littéralement blanchis par le guano produit par les très nombreux fous de Bassan.

Clonque Bay★

A Isolé sur la falaise de Clonque, le dolmen du **Roc à l'Épine** abrite la chambre funéraire la mieux conservée de l'île. Sa lourde table repose sur deux supports. Notons à cette occasion qu'au 19e s., bon nombre de mégalithes d'Aurigny furent réutilisés pour bâtir les fortifications...

Un chemin sinueux fait sa trace à travers bruyères et genêts jusqu'à la mer, puis rejoint une chaussée qui mène à **Fort Clonque** (1855), ouvrage victorien recyclé en appartements de vacances.

Les ruines de **Fort Tourgis** (1855) apparaissent de l'autre côté de la baie. Cette batterie, comme celle de Cambridge, a été dégagée et sécurisée. Vous découvrirez comment les forces allemandes se sont servies des murs victoriens pour camoufler les bunkers de la Seconde Guerre mondiale.

Saline Bay

A Très exposée aux humeurs de la mer, cette baie est formellement interdite à la baignade, car elle est parcourue de profondes lames de fond. Une batterie allemande et un ancien fort, Fort Doyle, veillent à chaque extrémité.

Au-delà, la **baie de Crabby**, est bien encastrée dans la masse rocheuse.

REAL JERSEY D
ICE CREA

Nos adresses

Stand de glace "Jersey Dairy Ice-cream".
Eurasia Press/Photononstop

Se restaurer

Repérez les adresses sur le plan détachable et sur les plans de St Helier p. 19 et St Peter Port p. 40 grâce aux pastilles numérotées (ex. 1).

JERSEY

ST HELIER

Plan de ville p. 19

Pour pique-niquer

Voir aussi Marchés p. 112.

30 **The Cornish Bakery** - ***A2*** - *13A Liberty Wharf - rte de la Libération - 01534 722271 - - lun.-sam. à partir de 8h30 - moins de 10 £.* Idéal pour les petites faims : viennoiseries françaises, muffins, scones, roulés à la saucisse... Choix de cafés équitables, de thés et de sodas.

31 **Marks & Spencer** - ***A2*** - *Liberty Wharf - rte de la Libération. - 01534 508700 - 8h-19h (sam. 18h), dim. 10h-17h.* La grande enseigne anglaise propose un rayon alimentaire où vous retrouverez la panoplie parfaite du déjeuner anglais, avec des sandwichs aux parfums alléchants, parmi lesquels le fameux rosbif et sauce raifort, le classique bacon-laitue-tomate ou le plus osé brie-raisins-airelles...

36 **Mange Tout** - ***B2*** - *39 New St. - 01534 729860 - www.mangetout.je - 7h15-15h15 - fermé w.-end - moins de 10 £.* Idéal pour les petites faims : cette chaîne locale propose, dans quatre adresses, d'excellents sandwiches, salades et soupes, ainsi que du bon café, sur place ou à emporter. Bio, locavore et fait maison.

Jusqu'à 20 £

1 **The Lamplighter** - ***A2*** - *9 Mulcaster St. - 01534 723119 - - 11h-23h - moins de 15 £.* Ce pub traditionnel arbore une façade polychrome d'un kitsch insurpassable qu'il faut découvrir du trottoir d'en face. Vous y dégusterez des moules marinières, le fameux *ploughman's lunch*, les *jacket potatoes*, l'*ocean pie* ou simplement des sandwichs, le tout arrosé de bière (on trouve ici l'une des plus larges sélections de l'île).

38 **Hectors** - ***A2*** - *1 Dumeresq St. - 01534 722540 - 12h-22h - fermé dim. - moins de 15 £.* Avec ses banquettes latérales au charme désuet et son propriétaire qui transforme un repas en pièce de théâtre joliment animée, le meilleur *fish & chips* de Jersey est une adresse incontournable de St Helier.

33 **Café Ubé** - ***A2*** - *59-61 King St. - 01534 850844 - cafeube.com - 7h30-14h30, sam. 8h30-15h - fermé dim. - moins de 20 £.* Vous découvrirez, dans ce café, toutes sortes de sandwichs, viennoiseries et soupes maison à prix doux, fraîcheur garantie !

37 **The Lovin' Spoonful** - ***B2*** - *Hill St. - 01534 759552 - 7h15-16h, sam. 8h30-15h - fermé dim. - moins de 15 £.* Au comptoir pour une collation rapide au rez-de-chaussée, ou à l'étage dans un fauteuil club pour prendre son

Beach cafés

Véritable institution, notamment à Jersey et Guernesey, les beach cafés et kiosks sont des bars de bord de mer, souvent sans prétention et à l'ambiance décontractée. On vient y boire un verre, ou manger un « fish and chips » ou un sandwich au crabe.
Certains proposent même des menus plus élaborés qui laissent une place importante aux fruits de mer.

À Jersey
Thai Dicq Shack (p. 75)
The Hungry Man (p. 78)
Crab Shack Gorey (p. 78)
The Crab Shack, à St Brelade (p. 79)
Bonne Nuit Beach Cafe (p. 81)
Seaside Café (p. 87)
El Tico Beach Cantina (p. 88)
À Guernesey
Saints Bay Kiosk (p. 83)
Portelet Beach Kiosk (p. 88)

temps, on y goûte un excellent *Hot Salt Beef* sandwich mais aussi des soupes et pâtisseries.

34 **Thai Dicq Shack** – **B3** - *Dicq Rd Slip - 01534 730273 - 17h-21h - plat moins de 20 £.* Envie de pique-niquer les pieds dans l'eau ? Cette petite cabane de plage ancrée au Havre des Pas se targue d'être le plus ancien restaurant thaï de l'île. Pas d'alcool mais on peut en apporter, ou acheter sa boisson à l'épicerie voisine.

6 **Aromas** – **A1** - *44 Kensington pl. - 01534 617824 - aromasrestaurant.weebly.com - à la carte 22/38 £.* Un esprit taverne dans ce petit établissement qui sert des plats généreux : crêpe de fruits de mer, tourte de bœuf, etc. Sourire, bonne humeur et convivialité !

7 **Drifters** – **B3** - *Havre Des Pas - 01534 853456 - 18h-21h, sam. 13h-14h30, 18h-21h, dim. 13h-15h - fermé lun.-merc. - plat env. 20 £.* Une vue dont on ne se lasse pas et des plats privilégiant les produits de la mer, voilà les deux atouts de cette adresse dont la salle et la petite terrasse regardent la Manche. On y savoure entre autres du crabe de Jersey ou du filet de bar grillé sur lit de pommes de terre nouvelles. Présentation soignée.

De 20 à 30 £

15 **Bastille Brasserie** – **B2** - *35 Queen St. - 01534 874059 - labastille.bar - 12h-14h30, 18h-21h - fermé dim. - à la carte 33/44 £.* Viandes ou poissons, pizzas... Ici, les plats sont copieux et d'un bon rapport qualité-prix. Atmosphère décontractée et service accueillant.

32 **Hugo's** – **B2** - *19-23 Halkett St. - 01534 724065 - www.liberationgroup.com - 10h-21h30, vend.-sam. 9h-21h30, dim. 10h30-19h30 - à la carte 26/34,50 £.* Bar-brasserie doté d'une agréable terrasse prise d'assaut aux beaux jours. Carte éclectique : classiques de la cuisine française, cuisine fusion et petite restauration alliant fraîcheur et qualité. Vin à la bouteille ou au verre.

19 **Roseville Bistro** – **B3** - *86 Roseville St. - à deux pas du Havre des Pas - 01534 874259 - www.rosevillebistro.com - à partir de 17h30 - fermé dim.-lun. - à la carte 29/40 £.* Dans un décor bistrot tout en bleu et blanc, une adresse privilégiant

> ***Street food Thursday***
> *Tous les jeudis d'avril à décembre (12h-19h), des « food trucks » s'installent dans les rues piétonnes et près de l'église de St-Hélier (autour du marché central). Cuisine traditionnelle ou mexicaine, vegan, vietnamienne, et aussi des pâtisseries... Le tout préparé sous vos yeux. Parmi les enseignes les plus connues : Pink Panda, Jersey Cup Cakes, Domingo's Taco Truck, Chugging Pig, Wild Health et Meat & Eat.*

poissons et crustacés. Essayez le *fisherman's seafood chowder* (sorte de bisque de homard à la crème avec des morceaux de poisson et de fruits de mer) ou un *Jersey crab* fraîchement pêché.

35 **Banjo** – ***B2*** - *8 Beresford St. - ✆ 01534 850890 - banjojersey.com - ♿ ᯤ - à partir de 11h - fermé dim. - à la carte 21,50/43,50 £.* Cette imposante bâtisse à la façade ornée de moulures abritait autrefois un gentleman's club. Le banjo appartenant à l'arrière-grand-père des propriétaires est exposé dans la cave vitrée. Carte séduisante et variée, allant des classiques de brasserie aux sushis.

De 30 à 50 £

28 **Sirocco** – ***A2*** - *Weighbridge Pl. - Royal Yacht Hotel - ✆ 01534 720511 - theroyalyacht.com - ♿ - 19h-21h30 - à la carte 45/62,50 £ - réserv. conseillée.* L'un des restaurants les plus courus de St Helier. Belle salle à manger prolongée par un balcon où il est très agréable de dîner. Cuisine inventive jusque dans les desserts. Belle carte des vins. Ambiance raffinée, mais détendue.

29 **Bohemia** – ***B2*** - *Green St. - Club Hotel & Spa - ✆ 01534 880588 - www.bohemiajersey.com - ♿ - 12h-14h30, 18h-22h - menu déj. 35 £ - menu dîner 69 £.* Sans conteste l'un des meilleurs restaurants de l'île, où, dans un cadre épuré, vous dégusterez une cuisine raffinée à base de produits locaux. Service impeccable. Et, si l'aventure vous tente, demandez à dîner au cœur de l'action, à savoir à la « table du chef », installée en cuisine.

11 **Saffrons** – ***B1*** - *Saint Saviour's Road - Hotel de France - ✆ 01534 614450 - www.defrance.co.uk/restaurants/saffrons - menu 50 £.* Précédée par un vaste bar, tel une anti-chambre, la jolie salle du restaurant est surmontée d'une verrière et décorée de tissus rouge en suspension. Cuisine créative où le safran tient toute sa place (d'où le nom de l'adresse) : bar sauvage et polenta de safran, chevreuil aux baies de genièvre, glace au safran et son plateau de sorbets... Pains indiens proposés en accompagnement. Vaste choix de vin et service très soigné.

À L'EST

Plan détachable

Jusqu'à 20 £

5 **Herb Garden Cafe** – ***I2*** - *Samarès Manor - JE2 6QW St Clement - ✆ 01534 721983 - www.samaresmanor.com - ♿ ᯤ - avr.-oct. :*

SOUPS
Thursday
Friday

9h30-17h - moins de 15 £. Cadre très agréable, au cœur du domaine de Samarès, pour une pause déjeuner (sandwichs variés, quiches, salades, *ploughman's lunch*) ou un *afternoon cream tea*, avec *scones* ou gâteau maison.

10 **The Hungry Man** - *I1 - Rozel Harbour - JE3 5BN Trinity - 01534 863227 - ♿ - 9h30-20h30 - fermé dim. - moins de 10 £.* Recommandé par les îliens amateurs de *cream tea*, ce kiosque installé sur la jetée sert, quel que soit le temps, thé et café, accompagnés de délicieux sandwichs au crabe ou de *scones* fraîchement préparés, à déguster en regardant le port.

De 20 à 30 £

51 **Crab Shack Gorey** - *I2 - La rte de la Cote - JE3 6DR Gorey - 01534 850830 - jerseycrabshack.com - 12h-14h30, 18h-20h30 (vend.-sam. 21h), dim.12h-15h - à la carte 20/32 £.* Ce restaurant à l'atmosphère conviviale surplombant le port de Gorey dispose d'une terrasse en bois orientée sud qui ménage une belle vue sur la mer. Carte de classiques de la cuisine moderne et de plats à base de poisson.

50 **Café Poste** - *I2 - La r. de la ville es Renauds - JE3 9FY Grouville - 01534 859696 - www.cafeposte.co.uk - 12h-14h, 18h30-21h, w.-end 9h30-14h, 18h30-21h - fermé lun.-mar. - menu 28,50 £.* Ancien bureau de poste et épicerie avec terrasse cachée à l'arrière pour dîner dehors. Clientèle fidèle des environs. Les menus éclectiques et à la mode font la part belle aux produits de l'île.

14 **Rozel Pub & Dining** - *I1 - Vallée de Rozel - JE3 6AJ St Martin - 01534 863438 - www.chateau-la-chaire.co.uk - 12h-14h15, 18h-21h (vend.-sam. 21h30), dim. 12h-15h30 - à la carte 28/40 £.* Installé en retrait du port, cet établissement constitue une excellente étape dans la découverte de l'île. S'il pleut, vous apprécierez le cadre d'une maison traditionnelle. S'il fait beau, vous profiterez des terrasses-jardins. Et, quel que soit le temps, vous savourerez une cuisine de saison à base de produits Genuine Jersey !

De 30 à 50 £

21 **Green Island Restaurant** - *I2 - JE2 6LS St Clement - 01534 857787 - www.greenisland.je - ♿ wifi - 12h-14h30, 19h-21h30 - fermé lun. - menu déj. 22,50 £.* Une adresse très courue par les touristes et les insulaires attirés par sa carte variant selon les arrivages, garantie d'une belle fraîcheur des produits, notamment de la mer. Atmosphère décontractée dans une salle à manger au décor nautique.

23 **Suma's** - *I2 - Gorey Hill - JE3 6ET Gorey - 01534 853291 - sumasrestaurant.com - wifi - 12h-14h, 18h-21h, sam. 9h30-14h, 18h-21h, dim. 9h30-15h - menu 29 £.* Ce restaurant renommé connaît un vif succès. Son intérieur lumineux accueille des œuvres d'artistes locaux. Aux beaux jours, installez-vous en terrasse et régalez-vous de la vue sur le château Mont-Orgueil et le port de Gorey. La cuisine, anglaise bien sûr, se pare de quelques airs méditerranéens.

34 **Bass and Lobster** – ***I2*** - *Gorey Coast Rd - JE3 6EU St Martin - ✆ 01534 859590 - www.bassandlobster.com - 12h-14h, 18h-20h30, vend.-sam. 12h-14h, 18h-20h30 - fermé dim.-lun. - à la carte 26/36 £.* Lumineux et moderne, ce pub situé à proximité de la plage propose essentiellement des plats de fruits de mer et de crustacés savoureux (délicieuses huîtres) ainsi que des produits locaux de saison. Menu du midi au bon rapport qualité-prix. Service efficace et discret.

AU SUD ET À L'OUEST

Plan détachable

Jusqu'à 20 £

9 **Sprigs Café** – ***H2*** - *R. du Pont Marquet - JE3 8DS St Brelade - Jersey Lavender Farm - ✆ 01534 742933 - jerseylavender.co.uk - ♿ - 10h-17h - fermé lun. - moins de 20 £.* Pour une pause déjeuner, après avoir visité la Lavender Farm. Sandwichs variés, paninis, salades, œufs brouillés sur toast, etc.

40 **Lazin Lizard** – ***H2*** - *Charing Cross, Mont les Vaux - JE3 8AA St Brelade - ✆ 01534 647740 - www.lazinlizard.com - à partir de 18h, sam. 12h-14h30 et à partir de 18h - fermé dim. - à la carte 28/37 £.* Dissimulée au début de la montée vers St Brelade, cette petite adresse ayant le gecko pour mascotte a conservé sa cheminée en brique rouge. Cuisine aux influences indiennes : *bobotie* (viande hachée parfumée au curry), *teriyaki* de bœuf aux crevettes, steak d'aloyau au chili et champignons de Paris, etc. Suggestions du jour indiquées sur les miroirs. Bon café.

52 **Faulkner Fisheries** – ***G1*** - *Le Vivier - JE3 2FN St Ouen's Bay - ✆ 01534 483500 - www.faulknerfisheries.co.uk - été seult : 12h-15h - fermé dim. - à la carte 15/21 £.* Une expérience à ne pas manquer (mais seulement à partir du printemps, quand la météo le permet) : à l'extrémité de la baie, des huîtres fraîches, des fruits de mer grillés ou en sandwiches, accompagnés des célèbres *Jersey Royal potatoes*. Et quelle vue !

27 **The Boat House** – ***H2*** - *1 North Quay - JE3 8BS St Aubin - ✆ 01534 744226 - ♿ 📶 - 16h30-21h, sam. 15h-21h, dim. 12h-19h - à la carte 25/29 £.* Tout de bois et de verre, ce bâtiment contemporain offre à ses clients de vastes terrasses surplombant la baie de St Aubin. Il dispose d'un bar au rez-de-chaussée, et d'un restaurant à l'étage dont la carte, entièrement renouvelée, célèbre les produits locaux remis au goût du jour par un chef inventif.

De 20 à 30 £

16 **The Tenby** – ***H2*** - *The Bulwarks - JE3 8AB St Aubin - ✆ 01534 741224 - www.randalls-jersey.co.uk - ♿ 📶 - 12h-14h30, 18h-21h, dim. 12h-20h - à la carte 22/44 £.* Pub populaire ancré sur le quai du port de St Aubin, doté d'une petite terrasse et d'un beer garden où se régaler d'un *steack & kidney pie* ou d'une salade au crabe.

7 **The Portelet Inn** – ***H2*** - *Rte de Noirmont - JE3 8AJ St Brelade - ✆ 01534 741899 - www.randalls-jersey.co.uk - ♿ 📶 - à la carte*

20/28 £. Sympathique pub magnifiquement situé au-dessus de Portelet Bay. Une auberge fondée en 1606 où l'on pourra, selon l'heure, prendre un verre en terrasse ou déjeuner (grillades, sandwichs, salades, etc.) dans l'une de ses multiples salles.

13 **The Crab Shack** – ***H2*** - *JE3 8EF St Brelade's Bay - 01534 850855 - jerseycrabshack.com - - 12h-14h, 18h-20h (vend.-sam. 20h30), lun. 12h-14h - à la carte 21,50/32 £.* Endroit idéal pour déguster, à l'heure du déjeuner, un fameux *Jersey crab* sur l'agréable terrasse face à la mer.

17 **The Vic in the Valley** – ***H1*** - *St Peters Valley - JE3 7EG St Peter - 01534 485498 - - 12h-14h, 18h-20h30, dim. 12h-16h30 - fermé*

lun. - formule déj. 15 £ - à la carte 15/26 £. Les habitués l'appellent « The Vic ». Ce pub traditionnel fort sympathique est implanté en pleine campagne, non loin du Moulin de Quétivel et des Jersey War Tunnels. L'établissement a reçu plusieurs certificats d'excellence pour la qualité de sa cuisine et mérite votre visite, pour goûter à l'un des nombreux plats proposés à l'ardoise ou simplement pour boire le thé ou l'apéritif.

26 **The Old Court House Inn** – ***H2*** - *St Aubin's Harbour - JE3 8AB St Aubin - 01534 746433 - www.liberationgroup.com/pubs/the-old-court-house-inn - 12h-15h, 18h-22h - à la carte 41,50/46 £.* Cette auberge du 15ᵉ s. est imprégnée d'histoire. Vous y dégusterez des spécialités de poissons et fruits de mer dans une salle de l'ancien tribunal, ou dans la cale reconstituée d'un galion. Terrasse avec vue sur le port de plaisance. Chambres spacieuses.

24 **The Oyster Box** – ***H2*** - *JE3 8EF St Brelade's Bay - 01534 743311 - oysterbox.co.uk - - 12h-14h30, 18h-21h (vend.-sam. 21h30), lun. 18h-21h - à la carte 26/52 £.* Envie d'huîtres ? Celles de Grouville sont ici proposées nature, grillées ou pochées au champagne. Viande ou poisson, le choix est vaste et les prix variés, selon que vous choisirez un *risotto* de fruits de mer, un filet de bœuf ou un homard grillé sauce Thermidor. Il est vivement recommandé de réserver, surtout le soir en été (essayez d'avoir une table près d'une des fenêtres donnant sur la plage).

De 30 à 50 £

36 **Mark Jordan at the Beach** – ***H2*** - *Rte de La Haule - JE3 7YD Beaumont - La Plage - 01534 780180 - www.markjordanatthebeach.com - 12h-20h30 - fermé lun. - à la carte 31,50/39 £.* Cette brasserie moderne abrite un petit salon, un bar et une salle à manger aux imposantes tables en bois, ornée d'objets animaliers et de peintures illustrant des paysages marins. Vous y dégusterez une cuisine généreuse et raffinée qui valorise les produits de l'île et les poissons (pêche locale). Savoureux plats de brasserie et assiettes plus gastronomiques. Terrasse pavée tournée vers la baie.

20 **Salty Dog Bar and Bistro** – ***H2*** - *Le bd - JE3 8AB St Aubin - 01534 742760 - www.saltydogbistro.com - - 12h30-14h30, 18h-21h30, dim. 12h30-15h30, 18h-20h30 - à la carte 31,50/44 £.* Le Salty Dog est l'un des restaurants

Le restaurant The Oyster Box avec vue sur la plage de St Brelade (Jersey).

les plus courus de l'île. Doté d'une terrasse très ensoleillée aux beaux jours, il propose une cuisine à base de produits locaux, sans dédaigner pour autant des touches plus exotiques, ni d'audacieuses alliances sucré-salé. Ambiance chaleureuse assurée.

AU NORD

Plan détachable

Jusqu'à 20 £

8 Bonne Nuit Beach Cafe – ***H1*** - *Les Charrières de Bonne Nuit - JE3 4DD St John - ✆ 01534 861656 - www.bonnenuitbeachcafe.co.uk - wifi - 8h30-21h - fermé de déb. nov. à mi-mars - plat déj. moins de 15 £.* Très fréquenté, ce café bien situé face à Bonne Nuit Bay saura vous rassasier à toute heure de la journée : *full english breakfast*, *light lunch* (*crab sandwichs*, salades, *ploughman's platter*, *jacket potatoes*, etc.) et plats thaï (osez le *Green Thai Prawn Curry* !).

De 20 à 30 £

12 Moulin de Lecq Inn – ***H1*** - *JE3 2DT St-Ouen - Le Mont de la Grève de Lecq - ✆ 01534 482818 - www.moulindelecq.com - ♿ wifi - 11h-23h - à la carte 18/24 £.* Ancien moulin à eau (12ᵉ s.) converti en taverne en 1955 et auquel a été ajouté un restaurant tout en boiseries. Pour un déjeuner léger, bar snacks (sandwichs, omelettes), plat du jour ou plateau de fruits de mer. Barbecue le dimanche dans le jardin (aire de jeux pour les enfants).

GUERNESEY

ST PETER PORT

***Plan de ville** p. 40*

Pour pique-niquer

Voir aussi rubrique Marchés p. 112.

18 **The Cornish Bakery** – ***A2*** - *7 The Pollet - 01481 730422 - www.thecornishbakery.com - Î - 7h30-17h, dim. 10h-16h - moins de 20 £.* Adresse idéale pour les petites faims : viennoiseries françaises, muffins, *scones*, roulés à la saucisse... Choix de cafés équitables, de thés et de sodas.

Jusqu'à 20 £

1 **Cafe Victoria** – ***A1*** - *Candie Gardens - 07781 122503 - www.museums.gov.gg/cafevictoria - 9h-16h - moins de 20 £.* Envie de faire une pause-déjeuner après la visite du musée ? L'ancien kiosque à musique du jardin propose tout un choix de salades, de soupes, de sandwichs et de quiches, avec pour dessert glaces ou pâtisseries.

7 **Thomas de la Rue** – ***A2*** - *The Pollet - 01481 714990 - www.liberationgroup.com - Î - 12h-15h, 18h-20h30, w.-end 12h-15h - à la carte 21,50/32,50 £.* Ambiance très british dans ce pub traditionnel. Le restaurant donne sur l'artère commerçante du Pollet. Son bar, avec terrasse et musique, devient en soirée l'un des lieux les plus courus de St Peter.

De 20 à 30 £

9 **The Boathouse** – ***A2*** - *Victoria Pier - 01481 700061 - www.thechristiesgroup.gg/the-boathouse - à partir de 9h, vend.-sam. 9h-21h, dim. 9h-17h - fermé lun.-mar. - à la carte 24,50/40 £.* Bar-brasserie-crêperie posé sur le quai comme un bateau, avec son pont extérieur. Décor marin et cuisine ouverte. Souvent bondé, notamment le soir, mais service souriant. Tentez les moules-frites ou la paëlla. Pour les petites faims, sandwichs et crêpes.

19 **Old Quarter** – ***A2*** - *15 Mansell St. - 01481 727268 - oldquarter.co.uk - 12h-14h et à partir de 18h - fermé dim. et lun. midi - menu Early Bird 16 £.* Dans une venelle sinueuse du vieux St Peter Port, une adresse intimiste où le serveur propose de prendre votre veste. Cuisine raffinée à l'image du service : médaillon de bœuf, canard rôti, barbue grillé aux herbes et au citron, etc.

6 **Christies** – ***A2*** - *The Pollet - 01481 726624 - www.thechristiesgroup.gg/christies - 8h-0h30, dim. 9h-0h30 - à la carte 22/50 £.* Située dans la principale rue commerçante de St Peter Port, cette brasserie constitue une halte idéale pour se restaurer d'un sandwich, d'un plat de la mer ou d'une grillade dans un cadre récemment repensé. Balcon donnant sur le port.

8 **Crow's Nest** – ***A2*** - *Victoria Pier - North Esplanade - au-dessus du Ship & Crown Pub - 01481 728994 - www.liberationgroup.com - - 12h-14h30, 18h-22h - à la carte 25,50/43 £.* Bar-brasserie au 1er étage, restaurant au 2e. Vues sur le port, Castle Cornet et les îles de Jethou, Herm et Sercq. Poissons et fruits de mer, bien sûr, mais aussi quelques viandes.

13 **Le Petit Bistro** – ***A2*** - *56 Lower Pollet - 01481 725055 - petitbistro.*

co.uk - 12h-14h, 18h-22h (vend.-sam. 22h30) - fermé dim. - à la carte 23/39 £. Nostalgique du pays natal ? Vous trouverez, dans cette enclave française à la devanture bleu-blanc-rouge, soupe à l'oignon ou aux poissons (avec rouille et croûtons, comme il se doit), cuisses de grenouilles, coq au vin et même bouillabaisse, le tout dans un décor plus français que nature...

De 30 à 50 £

14 **Le Nautique** – **A2** - *Quay Steps - North Esplanade - ✆ 01481 721714 - www.lenautiquerestaurant.co.uk - Wi-Fi - 12h-14h, 19h-22h, sam. 18h30-22h - fermé dim. - à la carte 28,50/43 £ - réserv. conseillée.* L'un des meilleurs restaurants de poissons de St Peter Port, installé dans un ancien entrepôt. Salle au 1er étage avec vue sur le port. Service aimable et diligent.

À L'OUEST

Plan détachable

Jusqu'à 20 £

4 **Mint Brasserie & Tea Room** – **E2** - *Le Gron - GY8 0DS St Saviour - ✆ 01481 266556 - www.mint.gg - accès handicapés - Wi-Fi - 12h-15h, 18h30-21h, jeu. et dim. 12h-15h - fermé lun. - à la carte 21/40 £.* Installé dans le cadre enchanteur des jardins de la joaillerie Bruce Russell & Son, ce restaurant-salon de thé fait la part belle aux produits locaux. Déjeuner (en terrasse aux beaux jours), thé, dîner ou brunch.

De 20 à 30 £

2 **The Imperial** – **E2** - Rocquaine *Bay - Imperial Hotel - GY8 0PS Torteval - ✆ 01481 264044 - www.theimperial.gg - 12h-14h30 (w.-end 15h), 18h-21h - à la carte 25,50/38 £.* Dans cette brasserie au bord de l'eau, vous pourrez déguster une salade *(11/13 £)*, un sandwich *(7/13 £)*, une omelette ou un *cheesecake*, tout en admirant la vue sur Fort Grey.

16 **The Farmhouse** – **E2** - *Rte des Bas Courtils - GY7 9YF St Saviour - ✆ 01481 264181 - www.thefarmhouse.gg - à la carte 27/41 £.* Profitez du cadre campagnard de cet hôtel très confortable pour déjeuner dans ses jardins, dîner dans sa salle à manger néorustique, ou tout simplement profiter d'un copieux *afternoon tea* au bord de la piscine. En été, dîner avec musique de jazz en *live* (à certaines dates).

AU SUD

Plan détachable

Pour pique-niquer

21 **Saints Bay Kiosk** – **F2** - *Saint's Bay Rd - GY4 6ES St Martins - ✆ 01482 238584 - de mi-avr. à sept. : 10h30-17h30 - moins de 15 £.* Le clapotis de la rivière longeant la petite route, le ressac sur la plage de galets à deux pas... À l'écart de tout, le petit kiosque de Jill et June est un havre où il fait bon se prélasser et se laisser tenter par un panini grillé ou un délicieux gâteau maison.

De 20 à 30 £

5 **The Dining Room Restaurant** – **F2** - *La Fosse - GY4 6EB St Martin - ✆ 01481 238764 - www.bellalucehotel.com - accès handicapés - Wi-Fi - 12h-14h30, 18h30-21h30 - à la carte 26/43,50 £.* À défaut de

séjourner au manoir, goûtez la cuisine inventive servie dans son restaurant gastronomique primé. Vous ne le regretterez pas!

AU CENTRE ET AU NORD

Plan détachable

Jusqu'à 20 £

40 **Cobo Fish Bar** - ***E1*** - *Côbo Coast Rd, Castel - GY5 7HB Côbo Bay - ✆ 01481 254276 - 11h30-13h30, 16h30-21h, vend.-sam. 11h30-22h, dim. 16h45-21h - moins de 10 £.* Une petite gargote qui propose de délicieux *fish & chips*, des *fish burgers* ou *fish cakes*, sur place ou à emporter. Places limitées en terrasse, mais vue plongeante dans le bleu de Côbo (et de la place sur le sable...).

De 20 à 30 £

12 **Fleur du Jardin Hotel** - ***E2*** - *Kings Mills - GY5 7JT Castel - 5 km de St Peter Port, dir. Vazon Bay - ✆ 01481 257996 - www.fleurdujardin.com - 12h-14h, 18h-21h - menu 30 £.* Logé dans une maison du 15e s. entourée d'un agréable jardin, cet établissement porte bien son nom. Il dispose de chambres spacieuses et coquettes, mais surtout d'un restaurant réputé, avec, au menu, une cuisine au goût du jour mettant à l'honneur des produits frais de saison. Vous pourrez déjeuner sur la terrasse donnant sur les jardins, ou dîner dans la chaleureuse salle à manger rustique agrémentée d'une cheminée en pierre de granit.

15 **The Beach Terrace** - ***E1*** - *Côbo Coast Rd - GY5 7HB St Peter Port - Côbo Bay Hotel - ✆ 01481 257102 - www.cobobayhotel.com - 10h-14h, 18h30-21h30 - à la carte 28/45,50 £ - réserv. conseillée.* Seuls l'état de vos finances et celui de votre appétit vous aideront à choisir entre les nombreux plats de poissons et fruits de mer ou de viande! Ajoutez à tout ceci une vue superbe sur la mer à marée haute et au soleil couchant, et cette soirée sera inoubliable!

HERM

Plan détachable

De 20 à 30 £

1 **The Mermaid Tavern** - ***D*** - *GY1 3HR Herm - ✆ 01481 750050 - www.herm.com/mermaid - juin-août : 12h-21h; avr.-mai et sept.-oct. : 12h-14h30, 18h-21h; nov.-mars : se rens. - à la carte 24,50/36,50 £.* Centre de la vie sociale de Herm, cet ancien pub de pêcheurs propose une restauration adaptée à chaque moment de la journée : snack-bar, pizzéria, fruits de mer et menus complets. En cas de besoin, sa petite épicerie vous dépannera en denrées de base.

SERCQ

Plan détachable

De 20 à 30 £

1 **Hathaways Brasserie** - ***C1*** - *La Seigneurie Gardens - GY10 1SF Sark - ✆ 01481 832209 - www.laseigneuriegardens.com - 10h-20h30, mar. 10h-17h, merc. 11h-17h.* Logé dans une ancienne ferme rattachée au domaine des seigneurs de Sercq, ce café, dont le nom honore dame Sybil, fut inauguré en 2009 par le prince Edward en personne. Sa cuisine, à

la rencontre des traditions anglaise, française et espagnole (tapas), fait la part belle aux produits du potager et à la pêche du jour.

AURIGNY

Plan détachable

De 20 à 30 £

1 **The Georgian House** - ***A*** - *Victoria St. - GY9 3UF Aurigny - 01481 822471 - www.georgianalderney.com - 12h-14h, 18h-21h, dim. 12h-14h30 - à la carte 22,50/29 £.* Logé dans une maison de style georgien du 19e s., ce pub traditionnel est un lieu de convivialité fréquenté par tous les insulaires. Sandwichs, *lights lunches*, *cream teas*, sont servis en salle ou dans un adorable jardin romantique à l'anglaise.L'étage dispose d'une salle à manger privée pour des repas plus consistants. La carte fait la part belle aux produits de la mer.

3 **Braye Beach Restaurant** - ***A*** - *Braye St. - 01481 824300 - www.brayebeach.com - - 12h-14h, 18h-20h - plat env. 20/30 £.* Belle salle de restaurant avec baies vitrées donnant sur la longue plage de Braye Bay et où il est particulièrement agréable de dîner, en regardant les vagues se déchaîner sur le brise-lames. Ici, le menu change tous les deux jours et varie en fonction de la pêche du jour. Le restaurant se fournit par ailleurs en viande de porc et de bœuf auprès d'éleveurs locaux traditionnels.

Prendre un verre

Repérez les adresses sur le plan détachable et sur les plans de St Helier p. 19 et St Peter Port p. 40 grâce aux pastilles numérotées (ex. 1).

JERSEY

À ST HELIER

***Plan de ville** p. 19*

9 Bean Around The World - ***B2*** - *69 Halkett Pl. - 01534 619977 - beanaroundtheworld.co.uk - 6h45-21h, sam. 7h-19h, dim. 7h30-19h.* À deux pas du marché couvert, un café bohème apprécié des locaux comme des voyageurs, avec ses murs moutarde, son haut plafond, ses boiseries patinées et ses nombreux journaux qui traînent un peu partout. Excellent espresso, nombreuses variations de chocolat chaud et pâtisseries maison.

2 The Peirson - ***B2*** - *Royal Square - 01534 722726 - - à partir de 10h (dim. 11h).* Un lieu chargé d'histoire : l'héroïque major mourut devant ce pub. On peut aujourd'hui y boire une bière en toute sérénité, en salle comme en terrasse.

7 Café Zephyr - ***A2*** - *The Royal Yacht - Mulcaster - 01534 720511 - theroyalyacht.com - - 9h-1h.* Des cocktails pour tous les goûts, ou une coupe de champagne, à déguster en terrasse. Plaisir garanti.

10 The Blind Pig - ***B2*** - *5 Mulcaster St. - 01534 610433 - www.cesoirjersey.com - 16h-1h - fermé dim.-mar.* À la fois le plus connu et le plus discret des bars de St Helier. On accède en effet à cette salle « cachée » en passant par le Chambers ou par une porte latérale à droite, à l'angle de la rue. Ambiance cosy dans laquelle l'on peut boire un thé ou un cocktail. Les habitués peuvent même acheter une bouteille et la faire garder.

RESTE DE L'ÎLE

Plan détachable

1 Plemont Bay Cafe - ***G1*** - *Rte de Plemont - JE3 2BD St Ouen - 01534 482005 - 9h-16h - fermé de mi-nov. à mi-fév.* Des vues superbes sur la baie du haut de la falaise et de délicieux gâteaux et scones agrémentés de *clotted cream* accompagneront votre *Jersey cream tea*.

3 The Poplars Tea Room - ***G2*** - *Rte du Petit Port - JE3 8LN St-Brelade - La Moye - 01534 742184 - www.thepoplarstearoom.com - - 10h-17h - fermé oct.-fév.* Un jardin au gazon taillé à la perfection, délimité par un muret en pierre au charme infini, et une salle intérieure où trône l'arbre généalogique géant de la famille, remontant au 17e s. : les Bisson perpétuent à merveille la tradition du thé à l'anglaise. Au menu : *scones*, meringues, *Jersey wonders* ou *Jersey cream tea* complet. Une pause délicieuse et *so british* !

4 The Dolphin Bar – ***I2*** - *Gorey Pier - JE3 6EW St Martin - ✆ 01534 853370 - www.dolphinhoteljersey.com - 9h-23h, dim. 11h-23h.* Un pub à l'esprit taverne et aux grandes baies vitrées ouvertes sur le port de Gorey. Un joyeux tumulte envahit cette adresse animée où se mêlent allègrement toutes les classes sociales et tous les âges. Nombreuses bières et cidre pression, ainsi que deux écrans pour suivre les retransmissions sportives du jour.

11 The Oyster Box – ***H2*** - *St Brelade's Bay - JE3 8EF St Brelade - ✆ 01534 850888 - www.oysterbox.co.uk - ♿ 📶 - 12h-14h30, 18h-21h (vend.-sam. 21h30), lun. 18h-21h - réserv. conseillée.* Un *mojito* ou une tequila sunrise en début de soirée, face à la mer (essayez d'avoir une table près d'une des fenêtres donnant sur la plage) : un vrai moment de détente...

53 The Terrace – ***H2*** - *Rte de la Baie - JE3 8EF St Brelade - ✆ 01534 743101 - de 10h au coucher du soleil et selon la météo.* À défaut d'y loger, on peut venir savourer un *afternoon tea*, dans la plus pure tradition, au bar de l'élégant hôtel L'Horizon avec vue sur la plage.

54 Seaside Café – ***H1*** - *Le Mont de Ste Marie, Greve De Lecq - JE3 3AA St Mary - ✆ 01534 482781 - 9h-17h.* Quelques marches plus bas, vous êtes sur la plage. Avant ou après, vous prendrez bien ici un *cream tea* ou un *ice cream fudge* avec vue plongeante sur la baie.

Victor Sindean/ The Blind Pig Jersey Channel Islands curtesy Brian Smith owner

Le bar du Blind Pig, St Helier (Jersey).

(55) **El Tico Beach Cantina** - **G2** - *Five Mile Rd - JE3 7FN St Ouen's Bay - ☎ 01534 482009 - www.elticojersey.com - Î - 9h-20h30.* Presque les pieds dans l'eau, ce bar a été aménagé dans une des premières écoles de surf de l'île. On y court aujourd'hui pour boire un verre de vin en regardant le soleil se coucher. Magique.

GUERNESEY

À ST PETER PORT

Plan de ville** **p. 40

(15) **Cafe Victoria** - **A1** - *Candie Gardens - ☎ 07781 122503 - 9h-16h.* Fameux *cream tea for two* avec *ham & cream cheese sandwichs*, *scones* à la crème et petits fours.

(21) **Swan Inn** - **A1** - *St Julian's Ave. - ☎ 01481 728969 - www.enjoy.gg/pubs-bars/i/20871351/swan-inn - 12h-0h, vend.-sam. 12h-0h45 - fermé dim.-lun.* Derrière la façade verte de ce pub traditionnel de style victorien, très prisé en fin de journée, vous découvrirez une cuisine familiale classique et copieuse.

(25) **Ship & Crown Pub** - **A2** - *Port Seafront - ☎ 01481 721368 - www.liberationgroup.com - ᯤ - 10h-0h45, dim. 12h-0h45.* Situé dans la zone portuaire, ce pub bruyant vaut surtout pour son emplacement, idéal pour savourer une dernière bière avant le ferry du retour. Au mur, photos et vieux journaux évoquent la libération de Guernesey en 1945.

(27) **Hideaway** - **A2** - *Le Pollet - ☎ 01481 724452 - www.mooresguernsey.com - à partir de 8h - fermé dim.* Salons victoriens, ambiance feutrée, fauteuils profonds... Le cadre british parfait pour savourer un « doigt de porto » ! Les gourmands dégusteront une pâtisserie sur la terrasse fleurie donnant sur Le Pollet.

RESTE DE L'ÎLE

Plan détachable

(36) **The Beach Terrace** - *Voir p. 83.* **E1** - *Côbo Coast Rd - GY5 7HB St Peter Port - Côbo Bay Hotel - ☎ 01481 257102.* À la belle saison, la terrasse du restaurant du Côbo Bay Hotel propose en journée *Tea and scones*, bien sûr, mais aussi de délicieux *fresh Guernsey crab sandwichs*. Le soir, vous pourrez siroter un cocktail. Vue sur Côbo Bay, au nord-ouest de l'île, en continu !

(19) **Moulin Huet Tea Rooms** - **F2** - *Moulin Huet Bay - GY1 3AN Guernsey - ☎ 07781 464825 - avr.-sept. : 10h-17h.* Adorable café dans un jardin, à mi-chemin en descendant vers la baie du même nom, au sud-est de l'île.

(21) **Surfside at Port Soif** - **F1** - *The Crow Nest - GY6 8JT Guernsey - ☎ 01481 253709 - avr.-oct. : 10h-17h.* Idéal pour faire une petite pause sucrée face à la belle plage de sable de Port Soif, sur la côte est de l'île.

(23) **Portelet Beach Kiosk** - **E2** - *GY1 3AN Guernsey - ☎ 07781 163803 - à partir de 10h.* Dans cette guinguette surplombant la baie de Portelet, au sud-ouest de l'île, *crab sandwichs*, *scones* à la crème et Guernsey gâche accompagneront votre tasse de thé (ou de café).

(33) **The Rockmount** – ***E1*** - *Cobo Coast Rd - GY5 7HB Cobo Bay - ✆ 01481 252778 - www.therocky.gg - 12h-23h.* Dans l'ambiance feutrée d'un pub typique (mais avec vue sur mer), une belle collection de bières. À moins que vous ne préfériez le « rocky », du cidre maison. Deux salles et deux ambiances. The « tap room », où la bière coule à flot, abrite quelques retransmissions.

(34) **Icart Tea Garden** – ***F2*** - *Icart Rd - GY4 6JG St Martin - ✆ 01481 237055 - Pâques-sept. : 10h-18h.* Un adorable salon de thé, prolongé par un merveilleux jardin, des tables en bois et sans doute une des plus belles vues de l'île. De belles pâtisseries et surtout des glaces maison.

(35) **Vistas** – ***E1*** - *R. d'Albecq - GY5 7BF Vazon Bay - ✆ 01481 252513 - 8h30-20h.* Ce café de bord de mer accueille les surfeurs de l'école voisine comme les flâneurs. Sandwichs et pâtisseries au menu, mais surtout une incroyable terrasse sur son toit.

HERM

Plan détachable

(12) **Ship Inn** – ***D*** - *GY1 3HR Herm - Harbour - ✆ 01481 750075 - 12h-21h - fermé oct.-mars.* Dans cette brasserie de l'hôtel White House règnent calme, détente et *cream tea* l'après-midi. Avec une vue splendide sur les paysages, le petit port et la plage.

(31) **Belvoir Bay Cafe** – ***D*** - *Belvoir Bay - GY1 3HR Herm - mai-sept. : 9h-17h.* Une terrasse dominant une petite crique... L'endroit idéal pour satisfaire une petite faim lors de la découverte de l'île.

SERCQ

Plan détachable

(35) **Caragh Chocolates Tea Gardens** – ***C2*** - *GY10 1SD Sark - Plaisance, juste avant la Coupée - ✆ 01481 832703 - www.caraghchocolates.com - ♿ (téléphoner pour s'annoncer) - 10h-17h, dim. 12h-17h.* Prenez le thé au jardin, et profitez-en pour goûter aux chocolats Caragh, fabriqués ici même.

(37) **La Sablonnerie** – ***C2*** - *Little Sark - GY10 1SD Sark - Hotel and Restaurant - ✆ 01481 832061 - www.sablonneriesark.com - Wi-Fi - se rens.* À l'heure du thé, quoi de plus agréable que de rejoindre par un petit sentier ombragé, ce joli Tea Garden, un peu à l'écart de l'hôtel, et d'y savourer en toute quiétude un délicieux *cream tea*...

AURIGNY

Plan détachable

(39) **Braye Beach Hotel** – ***A*** - *Braye St. - GY9 3XT Alderney - ✆ 01481 824300 - www.brayebeach.com - ♿ Wi-Fi - 12h-21h.* Prendre l'apéritif à la terrasse du bar, posée comme l'étrave d'un navire face au port, est un plaisir auquel on ne saurait résister...

Shopping

Repérez les adresses sur le plan détachable et sur les plans de St Helier p. 19 et St Peter Port p. 40 grâce aux pastilles numérotées (ex. 1).

JERSEY

À ST HELIER

Plan de ville p. 19

Produits de bouche

1 **Maison La Mare** – ***A2*** - *33 King St. - 01534 733090 - www.lamarewineestate.com - ♿ - 10h-17h.* Cette succursale du domaine La Mare Estate vend les produits typiques de Jersey : vin, cidre, *Jersey cream fudge* et le fameux *Jersey black butter* utilisé dans les *black butter chocolates*...

13 **The Spice House** – ***B2*** - *Halkett Pl. - 01534 758998.* Cette adorable boutique rouge aménagée dans le marché central de St Helier propose des produits locaux (*Jersey black butter* et *cream fudge*) mais aussi des chutneys, des épices et des thés.

Mode

12 **British Red Cross** – ***B2*** - *32 Queen St. - 01534 617146 - www.redcross.org.uk - 9h-17h - fermé dim.* La Croix-Rouge récolte des fonds en revendant à bas prix les vêtements (de marque, souvent) de généreux donateurs. Largement fréquentée par la population de St Helier, cette boutique a parfois des allures de friperie de luxe... On y trouve également des objets et des accessoires charmants et désuets.

14 **Top Shop** – ***A2*** - *40 King St. - 01534 725585 - www.topshop.com - 9h-17h30 - fermé dim.* Les clientes de la marque chère à Kate Moss (entre autres fashionistas) seront ravies de trouver ici les dernières collections de la marque, disponible uniquement en ligne à l'étranger.

Pour la maison

7 **Jersey Pottery** – ***B2*** - *43 Halkett Pl. - 01534 850815 - www.jerseypottery.com - 9h30-17h30 - fermé dim.* Vaste choix d'objets pour la maison : poteries, vaisselle ou services à thé, mugs, vases, etc.

RESTE DE L'ÎLE

Plan détachable

Produits de bouche

3 **Cellar Door Shop** – ***H1*** - *La Mare Vineyards - JE3 3BA Jersey - 01534 481178 - www.lamarewineestate.com - 10h-16h30.* C'est le repaire gourmand du domaine de La Mare, à St Mary : pour déguster et se procurer du cidre « Pompette », du brandy ou des crus locaux.

Bijoux

5 **Jersey Pearl** – ***G1*** - *Five Mile Rd (North End) - JE3 2FN St Ouen - 01534 862137 - www.jerseypearl.com - ♿ - 9h30-17h - fermé 25-26 déc. et 1er janv. - aussi à St Helier, Gorey et à l'aéroport.* Vaste showroom doté d'un large éventail de perles de culture montées en colliers, en bagues ou en

Sale

boucles d'oreilles. Démonstration sur l'art d'enfiler des perles. Cafétéria.

Mode

56 **Glad Rags** - **G2** - *1 Holborn House, Charing Cross - JE3 8AA St Brelade - ✆ 01534 498777 - 10h-17h - fermé dim.* La propriétaire ne manque pas d'humour (*Rags* signifie haillons en anglais) pour évoquer les vêtements de marques de « seconde main » qui occupent les rayons de sa boutique. Jimmy Choo, Mulberry, Alice Temperley, Roberto Cavalli, Joseph, Marc Jacobs... très abordables.

Produits de beauté

9 **Jersey Lavender Farm** - **H2** - *R. du Pont Marquet - JE3 8DS St Brelade - ✆ 01534 742933 - www.jerseylavender.co.uk - tlj sf lun. 10h-17h - fermé oct.-avr.* Après avoir visité cette ferme de St Brelade (privilégiez le moment de la floraison et des moissons, mi-juin généralement) et vu distiller l'huile essentielle utilisée dans les parfums, peut-être aurez-vous envie de rapporter quelques produits parfumés à la lavande (savons, gel douche, eau de toilette, etc.), ou tout simplement des sachets de lavande.

GUERNESEY

À ST PETER PORT

***Plan de ville* p. 40**

Gourmandises

11 **Hotel Chocolat** - **A2** - *28 Commercial Arcade - ✆ 01481 712493 - www.hotelchocolat.com - 9h-17h30 - fermé dim. et j. fériés.* Réservé aux amateurs de chocolat qui y trouveront leur gourmandise favorite élaborée à partir de crus de cacao du monde entier.

13 **Arcade Corkscrew** - **A2** - *29 Commercial Arcade - ✆ 01481 725776 - www.randallsbrewery.com - 8h30-17h - fermé dim.* Souvenirs divers de St Peter Port et produits de bouche (*Guernsey cream fudges, clotted cream toffees...*), vins et spiritueux.

8 **Nelio's** - **A2** - *15 North Plantation - ✆ 01481 728555 - 8h-20h.* Pas de place perdue ici : les étagères débordent de produits locaux et l'on peut même s'attabler pour en consommer sur place. Gâche de Guernsey, *black butter* de Jersey, beurre de Sercq : tout le patrimoine culinaire des îles est ici proposé, à une encablure des quais de St Peter Port.

Antiquités, souvenirs

7 **Mahogany** - **A2** - *7 Mansell St. - ✆ 01481 727574 - 9h-17h30 - fermé dim.* Dans le vieux St Peter Port, un charmant magasin d'antiquités avec nombre de petits objets (vaisselle, bibelots, affiches, bijoux...) qui tiennent dans une valise.

6 **Quay Gallery** - **A2** - *3 Mill St. - ✆ 01481 710915 - www.quaygallery.net - 9h-17h - fermé dim.* À deux pas des halles de St Peter Port. Ses affiches d'antan vantant les charmes de l'île figurent parmi les souvenirs originaux à rapporter. Mais on trouve aussi ici des tableaux et des photos de collection.

Bijoux

Si vous aimez les perles de culture...

17 Guernsey Pearl – ***A2*** - *5 Commercial Arcade - ✆ 01481 729328 - guernseypearl.com - 9h-17h - fermé dim.* Voir aussi ĕ, ci-dessous.

Lainages

23 The Guernsey Shop – ***A2*** - *North espl. - ✆ 01481 720117 - theguernseyshop. co.uk - 9h30-17h - fermé dim.*

Livres

31 The Lexicon – ***A2*** - *23-25 Le Pollet - ✆ 01481 721120 - www.thelexicon. co.uk - 9h-17h30 - fermé dim. et j. fériés.* Un dédale de livres sur trois étages où l'on trouvera d'excellents ouvrages sur les Îles et des traductions d'œuvres de Victor Hugo.

RESTE DE L'ÎLE

Plan détachable

Bijoux

15 Guernsey Pearl – ***E2*** - *La Rocquaine - GY7 9BY St Peter Port - ✆ 01481 266404 - guernseypearl. com - 9h30-17h.* Très grand choix de colliers et de boucles d'oreille.

19 Bruce Russell & Son – ***E2*** - *Le Gron - GY7 9RN St Saviour - ✆ 01481 264321 - www.bruce-russell.com - ♿ - tlj sf dim. 9h-17h.* Bijoux et objets en or et argent (dont le traditionnel pot à lait) réalisés par des bijoutiers-joailliers établis depuis quatre générations et installés à St Saviour dans un superbe jardin doté d'un restaurant. N'hésitez pas à visiter.

2 Catherine Best – ***F2*** - *The Windmill, Les Chenolles - JE3 7DW St Peter Port - ✆ 01534 485777 - www.catherinebest.com - 9h-17h30.* Cette artiste en joaillerie mondialement connue crée et vend à St Martin, dans un bucolique moulin campagnard rénové. Pour le plaisir des yeux ou, si on a les moyens, commander un bijou sur mesure...

Lainages

21 Le Tricoteur – ***E2*** - *GY7 9HS St-Pierre-du-Bois - Rocquaine Bay - ✆ 01481 266881 - guernseyjumpers. com - ♿ - 9h-17h, w.-end 10h-16h.* N'hésitez à visiter cette boutique où sont vendus les traditionnels pulls marins et bonnets de Guernesey. Autrefois imperméabilisés à l'huile de lin, ils sont aujourd'hui tricotés en machine, puis assemblés à la main sur place. Prix raisonnables et gamme de coloris assez large. Ces fameux pulls sont aussi en vente au Guernsey Shop.

Pour la maison ou le jardin

25 The Guernsey Freesia Centre – ***F1*** - *Rte Carre - GY2 4RE St Sampson's - ✆ 01481 248185 - freesiasbypost. com - ♿ - à partir de 9h - fermé dim.* Serre consacrée à la culture des freesias (*➲ p. 55*). Vous pourrez y acheter des bulbes ou des parfums d'intérieur et des savons, ou même envoyer un beau bouquet de fleurs (le centre se charge de l'expédition).

AURIGNY

Pas de grandes enseignes commerciales. Les boutiques *(fermées au déjeuner)* s'alignent toutes le long de **Victoria Street**.

Sortir

Repérez les adresses sur le plan détachable et sur les plans de St Helier p. 19 et St Peter Port p. 40 grâce aux pastilles numérotées (ex. 1).

JERSEY

ST HELIER

***Plan de ville** p. 19*

2 **The Waterfront Centre** – ***A2*** - *R. de l'Etau - Jerbourg Point - ✆ 0871 220 8000* - ♿. Dix salles de cinéma du groupe Cineworld (www.cineworld.co.uk), nightclub, bars et restaurants.

4 **The Drift** – ***A2*** - *Royal Yacht Hotel - Weighbridge - ✆ 01534 720511 - theroyalyacht.com/Bars/The-Drift* - ♿ wifi - *12h-2h.* Pour prendre un verre, danser ou écouter de la musique *live* jusqu'au petit matin.

6 **Chambers** – ***B2*** - *5 Mulcaster St. - ✆ 01534 735405 - www.randalls-jersey.co.uk/chambers* - wifi - *17h-21h - fermé dim.* Cet établissement possède le plus long bar (bien fourni) de Jersey ! Ambiance pub chic, avec en prime de la *music live* le soir en semaine.

11 **Jersey Art Center** – ***B2*** - *Phillips St. - ✆ 01534 700400 - artscentre.je - voir programmation sur le site Internet.* Une excellente programmation à surveiller : cycles de films, pièces de théâtre, concerts et différente expositions. Café et petite restauration.

GUERNESEY

ST PETER PORT

***Plan de ville** p. 40*

8 **St James Concert & Assembly Hall** – ***A2*** - *College St. - St James Church - ✆ 01481 711361 - stjames.gg* - ♿. Très belle salle de concerts (orchestre, musique de chambre, jazz) et de ballets, dans l'ancienne église St James. Jimmy's Cafe pour se désaltérer à l'entracte.

12 **Beau Sejour Leisure Centre** – ***A1*** - *Amherst - ✆ 01481 747200 - www.beausejour.gg.* Parc de loisirs : cinéma, théâtre, piscine couverte, squash, tennis, badminton...

14 **The Cock and Bull** – ***A2*** - *Lower Hauteville 2 - ✆ 01481 722660 - www.cockandbullguernsey.com* - wifi - *11h30-0h45 - fermé dim., 1er janv. et 25 déc.* Musique (baroque, jazz ou irlandaise) en soirée dans ce pub, ambiance bar d'étudiants, surtout l'été.

18 **The Doghouse** – ***Hors plan*** - *The Rohais - ✆ 01481 721302 - www.doghouse.gg - 16h-23h45, vend.-sam. 12h-0h45, dim. 12h-20h.* Ce pub est avant tout un lieu de concerts rock, folk ou pop. On peut y dîner, boire et y découvrir des groupes locaux ou venus d'Angleterre.

AU SUD

10 **The Mallard Cinema** – ***E2*** - *Mallard Complex - GY8 OHG*

I. Pilbeam/Alamy/hemis.fr

The Cock and Bull, St Peter Port (Guernesey).

Forest - 01481 266366 - www.mallardcinema.co.uk. Ce complexe situé au centre de l'île propose dans ses quatre salles de cinéma, les tout derniers films sortis en Angleterre.

AURIGNY

Plan détachable

STE ANNE

26 **The Georgian House** – **A** - *Victoria St. - GY9 3UF Aurigny - 01481 822471 - www.georgianalderney.com - voir aussi l'adresse Restaurant p. 85.* Manger, boire et dormir... Telle est la promesse de ce sympathique établissement qui accueille ponctuellement des concerts de musique live.

24 **Alderney Art Centre & Cinema** – **A** - *10 Victoria St. - 01481 824277 - www.alderneycinema.co.uk* - ♿. Une association de passionnés fait vivre cet ancien cinéma toute l'année dans la rue principale de St Anne.

Se loger

Repérez les adresses sur le plan détachable et sur les plans de St Helier p. 19 et St Peter Port p. 40 grâce aux pastilles numérotées (ex. 1). Les prix sont donnés par nuit pour deux personnes.

JERSEY

À ST HELIER

Plan de ville p. 19

Jusqu'à 90 £

3 **Alister Guest House** – **B1** - *3 Clarendon Road - 01534 720887 - Î - 11 ch. 80/92 £*

. La maison d'hôte de Jackie respire la chaleur et la simplicité d'une maison anglaise, avec sa moquette qui recouvre tous les sols et son escalier en bois pentu. Originaire du Yorkshire, la maîtresse des lieux animera votre délicieux petit-déjeuner (préparé à la demande, selon vos désirs) avec son humour tout british. Parmi les chambres, deux disposent de la salle de bains sur le palier. Idéalement situé dans une petite rue au calme, à 10mn à pied du centre de St Helier.

4 **De L'Etang** – **B3** - *20 Havre des Pas - 01534 721996 - www.deletang.je - Î - 13 ch. 90/108 £ -*. Posé sur le bien nommé Havre des Pas, ce petit hôtel n'est pas situé à proximité d'un étang, mais il offre une vue imprenable sur la mer : sept chambres disposent de ce joli panorama. Un agréable esprit Seventies imprègne l'établissement, parfaitement tenu. Au rez-de-chaussée, petit bar charmant et

De 90 à 135 £

10 **Hotel De Normandie** – **B3** - *Havre des Pas - 01534 721347 - - 105 ch. à partir de 99 £.* Difficile de trouver mieux placé auprès de la charmante plage du Havre des Pas et sur la route des belle baies de l'est. Chambres modernes et confortables, petit déjeuner copieux (en buffet et à la carte) et, surtout, une piscine chauffée et un sauna appréciables.

À L'EST

Plan détachable

Jusqu'à 90 £

13 **Beuvelande Campsite** – **I1** - *R. de Beuvelande - JE3 6EZ St Martin - 01534 853575 - www.campingjersey.com - Ô Î - avr.-sept. - empl. tente 32/42 £ ; location d'une tente équipée pour 4 pers. 100/115 £/nuit.* Un camping très bien équipé avec des prestations séduisantes en option : tentes déjà montées, literie et même la possibilité de dormir dans des yourtes.

14 **Rozel Camping Park** – **I1** - *La Grande rte de Rozel - JE3 6AX St Martin - Rozel - 01534 855200 - www.rozelcamping.co.uk - - de mi-mai à fin sept. - 15 £/pers. (-12 ans 10 £) avec sa propre tente ; location d'une tente équipée pour 2 pers. 530 £/sem.*

De 90 à 135 £

5 Undercliff Guest House – *I1 - Boulay Bay - JE3 5AS Trinity - 0800 112 3058 - www.undercliffjersey.com - P - fermé oct.-avr. - 8 ch. 90/140 £ - 10 £.* Sa situation tranquille proche des sentiers côtiers en fait le point de départ idéal pour des randonnées vers Bonne Nuit Bay ou le port de Rozel.

2 Old Bank House – *I1 - Main Rd - JE3 9FX Grouville - Gorey Village - 01534 854285 - www.oldbankhousejersey.com/about-jersey.html - P - 20 ch. à partir de 110 £ -* Petit hôtel sans prétention à l'écart de la route côtière, dans le village de Gorey. Installé dans l'ancienne demeure d'un négociant, cet hôtel est doté d'un beau jardin fleuri où il fait bon prendre le thé, même si l'on n'y réside pas.

De 135 à 200 £

9 Hôtel Moorings – *I2 - Gorey Pier - JE3 6EW St Martin - 01534 853633 - www.themooringshotel.com - limité - 15 ch. 139/155 £ -* Ce petit hôtel vous séduira par son bel emplacement en face du port, au pied du château Mont-Orgueil. Ses chambres sont bien équipées et l'accueil est sympathique.

AU SUD ET À L'OUEST

Plan détachable

De 90 à 135 £

6 Harbour View Guest Accommodation – *H2 - Le bd - St Aubin's Harbour - JE3 8AB St Brelade - 01534 741585 - www.harbourviewjersey.com - P - 14 ch. et 1 suite 130/170 £.* Charmante maison d'hôte aux murs couverts de lierre donnant sur un petit jardin qui ouvre sur le port. Chambres au confort douillet dotées, pour certaines, de salles d'eau un peu exiguës. Ambiance chaleureuse et conviviale.

7 The Panorama – *H2 - R. du Crocquet - JE3 8BZ St Aubin - 01534 742429 - www.panoramajersey.com - - 14 ch. 158/196 £.* Cette charmante guesthouse, aux chambres confortables et colorées, est située un peu en retrait du front de mer, dans une petite rue pavée, mais offre de belles vues sur la baie.

De 135 à 200 £

10 Somerville Hotel – *H2 - Mont du bd - JE3 8AD St Aubin - 01534 741226 - www.somervillejersey.com - P - 59 ch. 140/200 £ -* Du fait de sa situation sur les hauteurs de St Aubin, très belles vues sur la baie depuis les jardins en terrasse et le restaurant panoramique. Chambres confortables et spacieuses, au charme délicieusement british. Service efficace et très aimable.

AU NORD

Plan détachable

De 135 à 200 £

8 The Prince of Wales – *H1 - Grève de Lecq - JE3 2 DT St Ouen - 01534 482278 - www.princeofwalesjersey.com - P - 15 ch. 130/165 £ -* Ce bel hôtel surplombant la mer propose des chambres claires et confortables. Restaurant aux baies vitrées ouvrant sur la plage.

GUERNESEY

À ST PETER PORT

***Plan de ville** p. 40*

De 90 à 135 £

6 **The Yacht Inn** – **A3** - *South espl. - 01481 715488 - - 12 ch. à partir de 109 £ - en suppl. -* . Petit hôtel tout en hauteur, avec vue sur la marina et Castle Cornet. L'un de ses atouts : être au pied du terminal des bus et à quelques mètres des points d'embarquement vers les autres îles. Il dispose d'un restaurant et d'un bar.

12 **Hotel Pandora** – **A3** - *R. Hauteville - 01481 720971 - www.pandorahotel.co.uk - P - 55 ch. 120 £ - f.* Pas l'hôtel le plus central, mais assurément le mieux placé pour visiter la maison voisine de Victor Hugo. Il faut grimper un peu, mais ensuite... quelle vue ! Le charme indéniable de cette demeure et de son jardin vous fera oublier ses chambres un peu exiguës et le wifi seulement disponible dans les parties communes. Excellent petit déjeuner.

De 135 à 200 £

4 **Best Western Hotel De Havelet** – **A3** - *Havelet - 01481 722199 - www.dehaveletguernsey.com - P - 34 ch. 180/250 £ -* . Cette jolie demeure, située sur les hauteurs de St Peter Port, bénéficie de belles vues sur le port, sur Castle Cornet et sur les îlots voisins. Chambres confortables, salon avec cheminée et deux restaurants : le Wellington Boot et le Copenhagen Bar & Grill (moins formel). Petits-déjeuners copieux et variés. Piscine couverte dont les baies vitrées ouvrent sur un étonnant patio.

5 **Best Western Moores Hotel Guernsey** – **A2** - *Le Pollet - 01481 724452 - www.mooresguernsey.com - - 46 ch. 90/160 £ -* . Idéalement situé au cœur de St Peter Port, cet hôtel en pierre de granit dispose à la fois d'un restaurant (The Conservatory), d'une « pâtisserie-brasserie » (Hideaway) et d'un pub (J B Paker's) qui propose des plats typiquement anglais comme le *roast beef with yorkshire pudding*, mais aussi du poisson et des grillades. Un centre de remise en forme (The Sanctuary Health Suite), avec sauna et jacuzzi, ajoute au confort de l'endroit.

À L'OUEST

Plan détachable

Jusqu'à 90 £

2 **Auberge du Val** – **E2** - *GY7 9FX St Saviour - Sous L'Église - 01481 263862 - www.aubergeduval.com - P - 8 ch. 98 £ -* . Hôtel confortable et sans prétention, niché dans une petite vallée verdoyante, en contrebas de l'église St Saviour. Chambres au confort simple et au charme légèrement suranné ; repas préparés avec les produits du beau jardin potager. Profitez de cette halte en pleine campagne pour effectuer à travers les ruettes tranquilles une promenade (Millenium Walk) autour du réservoir de St Saviour, tout proche.

16 Fauxquets Valley Farm Campsite – **E2** - *Candie Rd - GY5 7QL Castel - Fauxquets Valley - ✆ 01481 255460 - www.fauxquets.co.uk - - de déb. mai à déb. sept. - 80 empl. 14,50 £/nuit (avec sa propre tente); 75/125 £/nuit (pour 2 pers., tente équipée).*

De 90 à 135 £

7 Le Chêne Hotel – **F2** - *Forest - GY8 0AH Guernsey - ✆ 01481 235566 - lechene.co.uk - - 25 ch. à partir de 120 £ - 1/2 P possible -* . Non loin du German Occupation Museum, une demeure du 19e s. tout en couloirs. Une grande partie des chambres donne sur un jardin, ainsi que le salon et le restaurant. Ici, le terme *full english breakfast* prend tout son sens : filets de harengs grillés ou porridge sont proposés en plus du buffet. L'hôtel prête des vélos, avec des lampes torches pour les retours après une balade nocturne, Forest Road étant une route très passante aux trottoirs quasi inexistants.

9 Imperial Hotel – **E2** - *Rocquaine Bay - GY8 0PS Torteval - ✆ 01481 264044 - www.theimperial.gg - - 17 ch. 100/130 £ -* . Hôtel idéalement situé face à la mer, un peu au-dessus de Portelet Harbour. Accueil charmant. L'établissement dispose, en outre, d'un bar et d'une brasserie.

AU SUD

Plan détachable

De 90 à 135 £

1 La Barbarie Hotel – **F2** - *Saints Bay Rd - GY4 6ES St Martin - ✆ 01481 235217 - www.labarbariehotel.com - - 35 ch. à partir de 120 £ -* . Un bel établissement caché en bordure de la petite route de Saints Bay. Chambres spacieuses et confortables, avec lits *king size*, et excellent accueil. Grand bar anglais aux jolies boiseries. Lave-linge à disposition. Également possibilité de louer des vélos, amenés directement sur place.

3 Sunnydene Country Hotel – **F2** - *R. des Marettes - GY4 6JH St Martin - ✆ 01481 236870 - www.sunnydenecountryhotel.co.uk - - fermé oct.-mars - 20 ch. 100/110 £ -* . Cette maison d'hôte, proche d'Icart Point, dispose de son propre golf *pitch and putt* au bout du jardin ! Confortable salon familial. Jolie piscine et aire de détente. Les chambres se répartissent entre la maison principale et l'annexe du parc.

8 La Michele Hotel – **F2** - *Les Hubits - GY4 6NB St Martin - ✆ 01481 238065 - www.lamichelehotel.com - - avr.-oct. - 16 ch. 115 £* . À proximité de Fermain Bay, avenante façade en bois peint abritant des chambres douillettes et bien équipées. Pour la détente, salon, jardin et charmant coin repos autour de la piscine.

De 135 à 200 £

12 Hotel Jerbourg – **F2** - *Jerbourg Point - GY4 6BJ St Martin - ✆ 01481 238826 - www.hoteljerbourg.com - - 30 ch. 158/198 £ -* . Cet hôtel constitue un point de départ idéal pour des balades le long des sentiers côtiers. De son emplacement sur la pointe de Jerbourg, il ménage des vues superbes sur la mer et les falaises. Restaurant gastronomique Les Trois Isles, renommé pour ses plats de poissons.

14 **Bella Luce Hotel & Restaurant** – **F2** - *La Fosse - GY4 6EB St Martin - 01481 238764 - bellalucehotel.com - - 23 ch. 166/211,50 £* - Cette belle longère, située au débouché de ruettes tranquilles menant à Moulin Huet Bay, est un ancien manoir dont une partie date du 12e s. Les chambres, plus ou moins spacieuses selon la catégorie, sont confortables et meublées avec goût et élégance. Un beau jardin sert d'écrin à l'ensemble. Restaurant gastronomique très réputé, le Dining Room Restaurant.

15 **Fermain Valley Hotel** – **F2** - *Fermain Lane - GY1 1ZZ St Peter Port - 01481 235666 - www.fermainvalley.com - - 45 ch. 178/244 £* - Magnifiquement situé au-dessus de Fermain Bay, cet hôtel propose des chambres claires, spacieuses et très confortables, avec vue sur la mer ou sur les jardins paysagers qui s'étendent à flanc de colline. Repas pris soit en intérieur (Ocean Bar & Grill), soit en extérieur (The Rock Garden Steakhouse), sur une agréable terrasse en paliers. Piscine couverte et sauna.

AU CENTRE ET AU NORD

Plan détachable

Jusqu'à 90 £

17 **Le Vaugrat Campsite** – **F1** - *Rte de Vaugrat - GY2 4TA St Sampson - 01481 257468 - www.vaugratcampsite.com - - mai-oct. - 13,50 £/pers. (-14 ans 9 £) avec sa propre tente; location d'une tente équipée 31/34 £/pers. (-14 ans 15,50 £).*

De 90 à 135 £

13 **Hotel Hougue du Pommier** – **F1** - *Hougue du Pommier Rd - GY5 7FQ Castel - à 1 km env. à l'intérieur des terres, à partir de Côbo Bay - 01481 256531 - www.channelhotels.com - - fermé nov.-mars - 41 ch. 150/190 £ - f.* Ancienne ferme du 18e s., dotée de chambres spacieuses et d'une piscine. De beaux jardins pour prendre le thé et un restaurant.

De 135 à 200 £

10 **Côbo Bay Hotel** – **E1** - *Côbo Coast Road - GY5 7HB Castel - 01481 257102 - www.cobobayhotel.com - - 34 ch. 174/234 £* - Sa situation face à Côbo Bay et sa belle plage, son restaurant réputé (*p. 84*) et sa terrasse face à la baie, où l'on dîne en admirant les couchers de soleil, sont les principaux atouts de ce confortable hôtel.

HERM

Plan détachable

Jusqu'à 90 £

2 **Seagull Camping** – **D** - *GY1 3HR Herm - 01481 750000 - www.herm.com - fermé oct.-avr. - 80 empl. 26 £/pers. avec sa propre tente. Douches, sanitaires, espace cuisine, petite laverie sur place.*

Plus de 180 £

1 **White House** – **D** - *GY1 3HR Herm - 01481 722159 - www.herm.com - - fermé oct.-mars - 40 ch.*

210/284 £ - 1/2 P possible - . Ici règnent calme et détente : télévisions et autres équipements hi-fi n'ont pas droit de cité. Le seul hôtel de l'île a incontestablement de quoi plaire, avec sa vue splendide sur les paysages, le petit port et la plage. Chambres dans la maison principale ou dans les cottages disséminés sur l'île. Jardin avec piscine d'été. Deux restaurants dépendent de l'hôtel : The Conservatory Restaurant et le Ship Inn.

SERCQ

Plan détachable

Jusqu'à 90 £

1 **Le Vieux Clos Guest House** - **C1** - *GY10 1SA Sark - 01481 832341 - 07781 453709 - www.levieuxclos.co.uk - - 7 ch. forfait avec bateau de St-Malo (Jersey Tours) 184 £ -* . Accueil charmant dans cette petite maison blanche située près du moulin, à 5mn du village.

De 90 à 135 £

2 **Clos de Vaul Creux** - **C1** - *R. Lucas - GY10 1SG Sark - première rue à droite en arrivant au village et 2ᵉmaison à droite - 01481 832527 - www.closdevaulcreux.co.uk - - fermé nov.-mars - 6 ch. 161/203 £ -* . Reconnaissable à ses murs en granit couverts de glycine, cette demeure propose des chambres confortables à la décoration soignée, portant chacune le nom d'une fleur du jardin.

3 **La Sablonnerie Hotel and Restaurant** - **C2** - *Little Sark - GY10 1SD Sark - 01481 832061 - www.sablonneriesark.com - - de mi-avr. à fin oct. - 22 ch. forfait avec bateau de Granville (Jersey Tours) 354 £ -* . Un chemin de campagne mène à cet hôtel plein de cachet installé dans une ferme restaurée du 16ᵉ s. Ambiance campagnarde assurée avec mobilier en bois et feux de cheminée. Chambres spacieuses et confortables.

AURIGNY

Plan détachable

Jusqu'à 90 £

5 **Saye Beach Campsite** - **B** - *Saye Bay - GY9 3YJ Alderney - 01481 822556 - www.sayebeachcamping.co.uk - mai-sept. - 10 £/pers. (-15 ans 5 £) avec sa propre tente ; location d'une tente équipée 55/75 £/pers.*

De 90 £ à 135 £

1 **The Victoria** - **A** - *Victoria St. - GY9 3UG Alderney - 01481 822754 - www.thevictoria.gg - - 6 ch. 110/140 £* . Dans la rue principale de St Anne, ce petit hôtel familial propose des chambres cosy. Si vous comptez partir en excursion, des paniers-repas peuvent être préparés à la demande.

De 135 à 200 £

4 **Braye Beach Hotel** - **A** - *Braye St. - GY9 3XT Alderney - 01481 824300 - www.brayebeach.com - - 27 ch. 161/209 £ -* . Reconnaissable à ses murs d'un blanc presque aveuglant, cet hôtel dispose de chambres claires et bien agencées. Son restaurant gastronomique *(p. 85)*, face à la mer, ménage de jolies vues du port.

THE HARBOUR
ROSAIRE STEPS
(7 minutes)
TOILETS
(2 minutes)
MERMAID TAVERN,
SNACK BAR &
RESTAURANT
BELVOIR BAY & CAFE
(30 minutes)
THE WHITE HOUSE HOTEL
& SHIP RESTAURANT
ARGOSY GIFT SHOPS
& HERM POST OFFICE

Les îles pratique

Préparez votre voyage

Votre séjour de A à Z

Agenda culturel

Île d'Herm.
J.-M. Liot/hemis.fr/Getty Images

Préparez votre voyage

FORMALITÉS D'ENTRÉE

Pièces d'identité – Carte nationale d'identité pour les ressortissants de l'UE et de la Suisse mais, suite au Brexit, le passeport pourrait être exigé à partir du 1er octobre 2021. Infos sur : https://brexit.gouv.fr/sites/brexit/accueil.html (en français).
Les visiteurs extérieurs à l'UE doivent présenter un passeport en cours de validité et se rapprocher des services consulaires pour le visa (*p. 108*).
Assurances – Les Îles Anglo-Normandes n'étant pas membres de l'Union européenne, il est conseillé de souscrire une assurance avant votre départ, afin de couvrir d'éventuels frais engendrés par une hospitalisation ou un rapatriement.

ALLER EN AVION

Carte des liaisons aériennes au verso du plan détachable.

Compagnies aériennes

Vols à destination de l'archipel avec les compagnies suivantes :
Aurigny (Guernsey's Airline) – 04 76 65 48 48 (Grenoble) ou + 44 1481 267 267 - www.aurigny.com.
British Airways – 0825 825 400 (0,18 €/mn) - www.britishairways.com.
Easy Jet – 0806 141 141 (service gratuit et prix d'un appel local) - www.easyjet.com.

Vers Jersey ou Guernesey

De France, de Belgique et de Suisse, vols *via* Londres uniquement.
La compagnie **Aurigny** assure, uniquement pendant la saison des sports d'hiver, des liaisons directes avec **Grenoble**.
Jersey Airport – + 44 1534 446 000 - www.jerseyairport.com.
Guernsey Airport – + 44 1481 237 766 - www.airport.gg.

Vers Aurigny

Vols directs de Guernesey, et aussi au départ de Southampton (UK) ; de Jersey, vols *via* Guernesey, avec la compagnie Aurigny.

ALLER EN BATEAU

Carte des liaisons maritimes au verso du plan détachable.
Les ferries à destination de Jersey, Guernesey et Aurigny partent de la côte Ouest du Cotentin (Granville, Carteret ou Diélette) ou du nord de la Bretagne (St-Malo). En revanche, Herm et Sercq ne sont accessibles qu'à partir de l'archipel.
Seule la liaison opérée par ferry au départ de St-Malo fonctionne toute l'année et permet le transport d'un véhicule.

Vers Jersey et Guernesey

Condor Ferries – Terminal Ferry du Naye - 35400 St-Malo - 02 99 40 78 10 ou 0825 135 135 (0,15 €/mn) - www.condorferries.fr.
Services de ferry rapide (voitures et

passagers) - compter 1h25 pour Jersey et 1h55 pour Guernesey.
Manche Îles Express – ✆ 0825 131 050 (0,18 €/mn) - www.manche-iles.com. Départs de Carteret, Diélette et Granville. Traversées toute l'année, mais, attention, en basse saison elles sont assurées principalement pendant les vacances scolaires (se rens.). Passagers uniquement.
Temps de trajet :
Granville/Jersey (St Helier) : 1h25 ;
Carteret/Jersey (St Helier) : 1h15 ;
Diélette/Guernesey : 1h20.

Vers Aurigny

Quelques traversées saisonnières *(avril-sept.)* au départ de Diélette avec Manche Îles Express.
Diélette/Aurigny : 55mn.
Le *Lady Maris* propose également des traversées entre Cherbourg et Aurigny en saison. ✆ + 44 (0) 7781 100829 - ladymaris2alderney.com

LIAISONS INTER-ÎLES

Par avion

Vols entre Jersey et Guernesey, et entre Guernesey et Aurigny, avec la compagnie Aurigny. Les vols entre chaque île prennent 20mn.

Par bateau

Entre Jersey et Guernesey – Traversées avec Condor Ferries et Manche Îles Express *(1h)*.
Entre Guernesey et Herm – Traversées en catamaran avec Travel Trident *(20mn)* - ✆ 01481 721 379 - www.traveltrident.com.
Entre Guernesey et Sercq –Traversées avec Sark Shipping *(50mn)* - ✆ 01481 724 059 - www.sarkshipping.gg.
Entre Guernesey et Aurigny – Traversées avec Manche îles Express *(1h env.)*.
De fin mai à fin septembre, The Little Ferry Company (www.thelittleferrycompany.com) propose deux traversées par jour.

SAISONS

L'archipel Anglo-Normand bénéficie de l'heureuse influence du Gulf Stream qui y génère un **climat tempéré** toute l'année, plus doux que celui des Îles britanniques. Le gel se fait très rare et les îles profitent de 2 000 heures de soleil par an (comparées à 1 500 heures pour Rouen et 1 700 pour Caen).
Si les mois de décembre et janvier sont les plus humides, les **hivers** restent relativement doux, avec des températures frôlant les 10 °C. Malheureusement, à cette saison, la plupart des hébergements et des musées sont fermés.
Au **printemps**, dès le mois de mai, les températures deviennent franchement agréables avec 16 °C en moyenne.
En **été**, saison la moins pluvieuse de l'année, la température peut atteindre 20 °C, et celle de l'eau flirte avec les 17 °C.
Le début de l'**automne** est encore assez doux, octobre bénéficiant de 13 °C en moyenne, avec des maximales dépassant les 15 °C.

Votre séjour de A à Z

ANIMAUX DOMESTIQUES

Les conditions d'admission des chiens et des chats sur l'archipel sont très strictes : **passeport européen** pour animaux toujours accepté et **certificat PET** établi par un vétérinaire, puce électronique, vaccination contre la rage de plus de 21 jours et traitement contre les parasites. Ils doivent enfin arriver par un transporteur (maritime ou aérien) agréé (liste sur www.gov.uk/take-pet-abroad, voir aussi le site www.condorferries.fr/infos-pratiques/voyager-avec-des-animaux).

APPAREILS ÉLECTRIQUES

La tension est de 240 volts et l'écartement des prises n'est pas le même que dans les autres pays européens. Il faudra donc vous munir d'un **adaptateur**. On en trouve sur place, notamment dans les pharmacies Boots.

ARGENT

Les îles ont leurs propres pièces et billets, indéxés sur la livre anglaise. La livre jersiaise vaut 100 pence (100 p.). Attention, ces billets et pièces sont utilisables uniquement dans l'archipel. Sinon, la livre Sterling (£) est couramment utilisée dans les îles. Quelques commerces acceptent les euros, mais ils vous rendront très certainement la monnaie en livres et en pence.

Les cartes de crédit les plus courantes sont acceptées à peu près partout, mais ces îles étant hors de l'Union européenne, il peut y avoir des frais.

Taux de change

1 £ = 1,12 €
1 € = 0,89 £

Banques

Distributeurs de billets – Dans la plupart des grandes banques de St Helier et St Peter Port, mais aussi dans certaines banques en dehors des capitales, aux aéroports, dans les supermarchés, certaines stations-services, ainsi qu'à Aurigny.
Toutes les banques britanniques (NatWest, HSBC, Lloyds Tsb, Barclays Bank) ont des succursales à St Helier et St Peter Port, généralement ouvertes en semaine de 9h30 à 16h30, parfois le samedi de 9h30 à 12h30.

CAMPING

Le camping sauvage est interdit, mais vous serez les bienvenus dans les campings aménagés à Jersey, Guernesey, Aurigny et Herm (mai-sept.). Vous pouvez venir avec votre propre tente *(pitch only)* ou louer une tente toute équipée sur place.
Voir Nos adresses/Se loger p. 96.

COMPAGNIES MARITIMES

Aller en bateau p. 104.

CONDUIRE ET SE GARER DANS LES ÎLES

Quelques règles de base

Rappel important : conformément au code de la route britannique, la circulation se fait **à gauche** sur les îles Anglo-Normandes. Les vitesses sont indiquées en miles par heure (mph) ; pour rappel, 1 mile = 1,609 km.

Jersey

Vitesse limitée à 40 mph (64 km/h), sauf dans certaines zones où elle descend à 30 ou 20 mph (48 ou 32 km/h), voire 15 mph (24 km/h) sur les *green lanes* (voies vertes).

Guernesey et Aurigny

Vitesse limitée à 25 mph (30 km/h) en ville, et à 35 mph (55 km/h) hors aggglomération.

Quand les **carrefours** sont signalés par un panneau *Filter in Turn,* aucun véhicule n'est prioritaire. Les conducteurs doivent passer chacun leur tour, dans l'ordre d'arrivée.

À **Aurigny**, il n'y a ni feux tricolores, ni rond-point, ni embouteillages ! Il faut dire que l'île n'est pas très grande et ne compte guère que 2 000 habitants...

Stationnement

Il n'est pas toujours facile de se garer sur l'archipel, particulièrement en ville ou aux abords des sites touristiques.

Attention, une **ligne jaune** au bord de la chaussée indique une interdiction de stationner **jour et nuit.**

Jersey

Stationnement **payant** dans les **zones rouges** (1h) et **jaunes** (20mn) : lun.-sam. 8h-17h (22h à Gorey).

Deux solutions pour payer :

PayByPhone (https://paybyphone.co.uk), une application mobile à télécharger (nécessite une inscription). Entrez le numéro du parking, la durée de stationnement souhaitée, puis payez...

Paycard (ou *Scratch-Card*), carte de paiement que l'on gratte en fonction de la date et de l'heure d'arrivée. Vendue à l'unité ou par carnet de 10, elle s'achète à bord des navires Condor Ferries, dans les bureaux de poste, les garages, les boutiques et supermarchés affichant le symbole Paycard. Seules exceptions à cette carte : à l'aéroport et dans le parking du Waterfront, où vous devrez payer à la sortie, en fonction du temps écoulé et sans limitation de durée.

Le stationnement est gratuit de 17h à 8h (à Gorey, à partir de 22h) sauf sur les voies réservées aux résidents *(bien lire les panneaux)*.

Pas de panique !

Appel d'urgence européen : 112/999

Urgences médicales : 01534 442 264 (Jersey) ; 01481 725 241 (Guernesey) ; 01481 822 077 (Aurigny)

Police : 01534 612 612 (Jersey) ; 01481 725 111 (Guernesey)

SOS dentiste : 1534 745 467 ou 07797 773 709 (Jersey) ; 01481 725 241 (Guernesey) ; 01481 823 131 (Aurigny)

Perte cartes bancaires :
Eurocard/Visa : 0800 891 725
Master Card : 0800 964 767

Guernesey
Stationnement libre de 18h à 8h, sauf sur les voies réservées aux résidents. En journée, il est gratuit, mais **limité** (généralement 3h maxi) dans la plupart des rues et parkings des grandes zones commerçantes et du centre-ville. Dans ces **secteurs réglementés,** signalés par un panneau bleu indiquant *Disc Zone,* il faut présenter un **disque de stationnement** (vendu, pour une somme modique, à bord des ferries, auprès de l'office de tourisme ou du commissariat de police, dans certains garages et chez certains détaillants. Attention : une fois le temps écoulé, vous devrez impérativement bouger votre voiture, et attendre 30mn avant de pouvoir à nouveau vous garer.

Les **parkings longue durée** (5h et plus) sont plus éloignés du centre-ville et se remplissent très vite. Si vous comptez, par exemple, passer la journée à Herm ou à Sercq, renseignez-vous à l'office du tourisme sur la formule **Park-and-Ride,** un service de navettes au départ du parking gratuit de Footes Lane.

Herm et Sercq
La circulation automobile est interdite.

CONSULATS

Deux consuls honoraires représentent la France sur l'archipel :

Jersey
71 Halkett Place - St Helier - Jersey JE2 4WG - 01534 726 256 - agenceconsulaire@gmail.com - *lun. et vend. : 13h15-16h15 ; merc. : 9h30-12h45.*

Guernesey
Hauteville House, 38 Hauteville St. - St Peter Port - Guernsey GY1 1DG - 01481 729 290 - consulatfrance.guernesey@gmail.com - *lun.-vend. sur RV.*

DÉCALAGE HORAIRE

L'archipel vit à l'heure britannique, décalée d'1h avec la France : quand il est 8h à Jersey, il est 9h à Paris. On désigne en anglais les heures de la matinée par **am** *(ante meridiem)* et de l'après-midi par **pm** *(post meridiem).*

DOUANE

Les îles Anglo-Normandes sont considérées, sur le plan fiscal, comme territoires d'importation par rapport à la France. Les marchandises acquises ou qui vous ont été offertes pendant votre séjour, dont la valeur excède 430 €/adulte (150 €/-15 ans) ou dont la nature et le nombre revêtent un caractère commercial, sont à déclarer.
www.douane.gouv.fr ou Infos Douane Service - 0811 20 44 44 (0,06 €/mn).

ENFANTS

Les activités et sorties dédiées aux enfants sont signalées dans le guide par le symbole suivant : . Voir aussi la liste des parcs d'attraction dans la rubrique « Sport et loisirs » p. 117. Globalement, beaucoup d'activités sont bien adaptées aux enfants dans les îles.
Pour Jersey, voir : **www.jersey.com/family-holidays-in-jersey**.

Pour Guernesey : **www.visitguernsey.com/fr/voir-et-faire/activités** (catégorie **Family Friendly**)
Pour Aurigny, consultez **www.visitalderney.com/inspire/the-perfect-childs-paradise**
En cas de pluie
À Jersey : le Maritime Museum ; hors St Helier, le château Mont-Orgueil (pour les plus jeunes) et le Pallot Steam, Motor & General Museum (pour les plus grands).
Sur Guernesey : le Castle Cornet et ses divers musées ; le Beau Sejour Leisure Centre (centre *indoor* avec piscine, aire de jeu pour enfants, etc).

HANDICAP

Un certain nombre de lieux touristiques sont accessibles aux personnes à mobilité réduite (signalés par le symbole ♿ dans la partie « Visiter » de ce guide).
Sur le site Internet de Jersey Tourisme, une rubrique dédiée permet de télécharger des listes de sites, hôtels et restaurants adaptés : **www.jersey.com/accessible-jersey**.
Pour Guernesey, des infos pratiques sur : **www.visitguernsey.com/travel/useful-information/access-in-guernsey**
et répertoire des taxis dont quelques-uns accessibles aux fauteuils roulants (fin de liste) : **www.visitguernsey.com/travel/taxis/**
Shopmobility – Ce service permet de louer un **scooter électrique** ou un **fauteuil roulant** pour se déplacer librement (✆ 01534 739 672 ou ✆ 01534 860 021 - tlj sf dim. 10h-16h30 - www.shopmobility.org.je - 6 à 10 £/j - mai-sept. : réserv. impérative). À Jersey, livraisons possibles partout sur l'île, sur réservation.

HÉBERGEMENT

Nos adresses pour se loger p. 96.
Pour un séjour en haute saison, **juin-septembre**, pensez à réserver !
Pour un **week-end**, privilégiez un unique point de chute à partir duquel vous rayonnerez ; vous pourrez ainsi partir à l'aventure d'île en île sans être encombrés par vos bagages.
Si vous restez **plusieurs jours** sur chaque île, n'hésitez pas à choisir un hôtel en bord de mer : vous vous régalerez de balades le long des sentiers côtiers, ponctuées de pauses dans les *beach cafés.*
Vous trouverez sur l'archipel un large éventail d'hôtels, B & B *(Bed & Breakfast), guesthouses* (maisons d'hôte), campings et, pour une semaine ou plus, des locations de cottage ou d'appartement, voire d'anciens forts (*Location de vacances p. 111*).
Dans les hôtels, *guesthouses* et B & B, le petit-déjeuner est compris. De plus, vous trouverez toujours dans votre chambre de quoi préparer une tasse de thé ou de café avant d'attaquer avec appétit un copieux petit-déjeuner *(full english breakfast) :* thé ou café, toasts, œufs avec bacon et petites saucisses, céréales, voire charcuterie, fromages et fruits en cas de buffet ; peuvent s'y ajouter *porridge* (bouillie de flocons d'avoine), *haddock* ou *grilled kipper fillets* (filets de hareng grillés) !

Dans les brochures des offices de tourisme ou sur Internet, les tarifs sont indiqués **par personne et par nuit, petit-déjeuner compris**, sur la base de 2 personnes partageant la même chambre *(fourchette de prix allant de la basse à la haute saison, soit du simple au triple, même un peu plus pour certains grands hôtels).*
Un supplément est facturé pour une personne seule utilisant une chambre double *(les chambres individuelles sont rares).*
Les offices de tourisme peuvent vous aider à trouver un hébergement et même s'occuper de votre réservation. Service dédié au Tourist Information Centre : *01534 859 000 - www.jersey.com.*
En réservant par Internet, vous pourrez éventuellement profiter des *great deals* ou *special offers,* des tarifs promotionnels offerts à certaines époques de l'année.
Étudiez aussi les offres couplées proposées par les compagnies de bateaux au moment de l'achat de votre billet.

HONNÊTETÉ

Cette curieuse rubrique mérite une petite explication.
Un peu partout sur l'archipel, il est fréquent de voir en bord de route, devant les haies des maisons, des étals de fortune sans surveillance, les *Hedge Veg,* où sont proposés fruits et légumes de saison, œufs, fleurs, etc. Les acheteurs laissent l'argent dans une **honesty box** (« boîte d'honnêteté »), les vendeurs leur faisant entièrement confiance. Ces boîtes sont toutefois moins nombreuses ces derniers temps. Les quelques vols observés constituent un élément d'explication parmi d'autres.
De même, dans certains hôtels, le bar est laissé à la disposition des clients qui se servent en l'absence de tout barman, et remplissent simplement une feuille sur laquelle ils indiquent les consommations prises. On parle alors d'**honesty bar**.

INTERNET

La plupart des hôtels proposent des connections Wifi, et certains mettent à votre disposition un ordinateur.
Attention, les claviers sont de type qwerty, conçus pour la langue anglaise.

JOURS FÉRIÉS

Ce sont les mêmes qu'au Royaume-Uni :
- 1er janvier
- Vendredi saint et lundi de Pâques
- 1er lundi de mai
- dernier lundi de mai *(Spring Bank Holiday)*
- dernier lundi d'août *(Late Summer Bank Holiday),* sauf à Aurigny où ce jour férié est fixé au 1er lundi d'août, lorsque l'île fête le *Cavalcade Day*
- Noël et 26 décembre *(Boxing Day).*

S'y ajoutent :
- le 9 mai *(Liberation Day)* pour Jersey et Guernesey,
- le 15 décembre *(Homecoming Day)* pour Aurigny qui célèbre le retour des insulaires le 15 décembre 1945, après l'évacuation massive de juin 1940.

LANGUE

Aujourd'hui, l'**anglais** règne en maître sur l'archipel. Le **français**, toujours langue officielle de Jersey, ne s'utilise plus guère que dans le domaine juridique, ou pour communiquer avec les touristes francophones.
Début 2019, l'Assemblée des États de Jersey a adopté le **Jèrriais** (dialecte normand) comme langue officielle, et il est prévu qu'il soit utilisé pour la signalisation et les en-têtes de lettres officielles.
L'**anglo-normand** est quant à lui en grand danger d'extinction *(voir p. 133)*.

LOCATION DE VACANCES

Pour rester plus d'un week-end sur place, la formule **self-catering**, c'est-à-dire la location d'un appartement et d'un cottage à la semaine, est une option agréable et économique.
Vous pouvez aussi louer des lieux historiques plein de cachet. Il y en a pour tous les goûts, à condition de réserver bien à l'avance.

À Jersey

Le charme rustique de **L'Etacquerel Fort**, de la **Lewis's Tower** ou de l'**Archirondel Tower** conviendra parfaitement à un séjour entre copains, sacs de couchage oblige.
À **Fort Leicester** (Bouley Bay) ou à l'**Elizabeth Castle**, confort et romantisme sont au rendez-vous, avec en prime des vues superbes. Du sommet de **La Corbière Radio Tower** (St Brelade), un appartement à louer permet ainsi de profiter d'une vue à 360° sur la mer et sur l'île.
Pour plus de détails sur ces offres originales d'hébergement (adresses, tarifs, descriptifs), visitez le site Internet officiel de **Jersey Heritage** : 01534 633 304 - www.jerseyheritage.org/holiday.
Toujours à Jersey, au cœur des jardins de **Samarès Manor** (à St Clement), les communs du manoir ont été aménagés en location de vacances, digne des romans de Jane Austen : 01534 870 55 - www.samaresmanor.com.

À Guernesey

Fermain Tower, une tour de la fin du 18e s. récemment restaurée, propose un hébergement pour deux personnes, étagé sur trois niveaux (sous réserve d'apprécier échelles et escaliers en colimaçon). Au sommet, vue spectaculaire sur Fermain Bay. Enfants et animaux interdits. Rens. (et autres adresses de location) sur le site **Guernsey Self Catering** : 01481 237 491 - www.selfcatering.gg/properties/fermain-tower.

À Herm

Une vingtaine de cottages sont à louer, soit en pleine nature comme le **Fishermen's cottage**, soit dans le village même.
www.herm.com - 0481 750 000.

LOCATION DE VOITURE

Jersey

Avis, Europcar et Hertz sont présents à l'aéroport et à l'arrivée des bateaux à St Helier. Certains hôtels proposent de s'occuper de votre location de voiture lors de votre réservation.
Avis – 0800 735 11 10 ou 01534 495 000 - www.avisjersey.co.uk.

Europcar – ✆ 0800 735 0735 - www.europcarjersey.com.
EVie – Petite flotte de voitures électriques en libre service à St Helier. Nécessite de télécharger l'application dédiée : https://evie.je/car/
Hertz – ✆ 0800 735 10 14 ou 01534 636 666 - www.hertzci.com.

Guernesey
Europcar – ✆ 01481 239 511 - www.europcarguernsey.com.
Hertz – ✆ 0800 735 10 14 - www.hertzci.com.
Value Rent-a-Car – ✆ 01481 243 547 - www.valuerentacar.co.uk.

Aurigny
Braye Hire Cars – ✆ 01481 823 881 - www.brayehirecars.com.
Voir aussi Conduire et se garer dans les îles, p. 107.

MARCHÉS

Lieux de vie et d'échanges, les marchés ne manquent pas sur l'archipel. Vous y glânerez des souvenirs authentiques et vous pourrez consommer sur place des spécialités locales. Voici, à titre indicatif, quelques adresses à retenir.

Jersey
Central Market – St Helier - ✆ 01534 447 818 - www.jersey.com/see-and-do/central-and-beresford-street-markets - tlj sf dim. 7h30-17h30 (jeu. 14h30). Les étals de ce joli marché couvert, de style victorien, regorgent de fleurs, de charcuteries, de fruits et légumes, et de délices culinaires insulaires. Également, des bijoux, des tricots, des articles de broderie et des bibelots anciens.
Beresford Market (Fish Market) – Beresford St., à proximité du Central Market - St Helier - ✆ 01534 447 818 - www.jersey.com/see-and-do/central-and-beresford-street-markets - tlj sf dim. 7h30-17h30 (jeu. 14h30). Marché aux poissons, réputé pour l'excellente qualité et la fraîcheur de ses produits. Certains commerçants y vendent aussi du chocolat, des glaces, du fromage et des vins.
Farm & Craft Markets & St Aubin's Vintage Fair – ✆ 7797 744 848 - Parish Hall - St Aubin - certains sam. 9h-15h (Farm & Craft Market) et 9h-17h (St Aubin's Vintage Fair). À St Aubin, le marché artisanal et la foire *vintage* animent le port le samedi en saison : souvenirs originaux « made in Jersey » et produits locaux. Animations en plein air également.
Gage de qualité et d'authenticité, le label **Genuine Jersey** signale les produits cultivés ou fabriqués à Jersey. Il concerne aussi bien des produits laitiers que des fruits et légumes, des vins et spiritueux, des faïences ou encore des tricots.
www.genuinejersey.com.

Guernesey
Farmers and Fisherman's Market – St Martin's Parish Hall, en hiver ; Sausmarez Manor, à partir d'avr. - ✆ 01481 235 571 - www.sausmarezmanor.co.uk (rubrique « The Farmers Market ») - sam. 9h-12h. Le plus vieux marché de l'île met à l'honneur les produits de la terre et de la mer : bœuf de Guernesey, agneau de Sercq, œufs pondus de la veille, miel, tartes, confitures maison, crabes, homards, sans parler d'une

sympathique collection de plantes cultivées avec amour sur l'île.
Fresh Fridays Produce Market – Market Square - St Peter Port - www.marketplaceguernsey.co.uk - vend. 8h30-14h30. Autre incontournable, ce marché revendique avec fierté la qualité des produits de la pêche locale, et celle des fruits et légumes du terroir. Également quelques spécialités traditionnelles, comme la gâche de Guernesey, une sorte de gâteau aux fruits, avec des raisins et des morceaux de pommes...

MÉTÉO

States of Jersey Meteorological Department – www.gov.je/weather ou composez les numéros payants suivants (60 p./mn) :
Météo de Jersey – ✆ 0900 669 0011.
Prévisions à 6 j. pour Jersey – ✆ 0900 669 6666.
Météo de Guernesey – ✆ 12080 (ne fonctionne qu'à Guernesey).
Météo de la mer – ✆ 0900 669 0022.

OFFICES DE TOURISME

Visit Jersey – Liberation Station, dans la gare routière - St Helier - Jersey JE2 3AS - ✆ 01534 859 000 - www.jersey.com - 8h30-17h, dim. 9h-17h.
Guernsey Information Centre – North Esplanade - St Peter Port - Guernsey - GY1 2LQ - ✆ 01481 723 552 - www.visitguernsey.com - de mi-avr. à mi-oct. : 9h-17h, dim. 10h-13h ; reste de l'année : 10h-16h, sam. 10h-13h.
Visit Alderney – 51 Victoria Street - St Anne - ✆ 01481 822 333 - www.visitalderney.com - 10h-16h.
Isle of Sark – ✆ 01481 832 345 - www.sark.co.uk - lun.-vend. 9h30-15h30.
Herm Island – Administration Office - GY1 3HR - ✆ 01481 750 000 - www.herm.com.

PLAGES

La mer omniprésente invite tout naturellement à la **baignade**. Difficile de résister à cette eau transparente que les falaises ne font que rendre plus attirante. Ceux qui aiment l'eau un peu fraîche apprécieront les **belles plages** au sable fin, parfois presque blanc, qui occupent de superbes baies comme, entre autres : St Brelade, St Aubin et St Ouen, à Jersey ; Côbo Bay, Vazon Bay et Pembroke Bay, à Guernesey ; Shell Beach et Belvoir Beach, à Herm ; Saye Beach et Arch Bay, à Aurigny. La plupart sont équipées de toilettes très propres et d'un café.
Il existe aussi de très belles **criques,** plus difficiles d'accès, ou des petites plages rocheuses, qui ne sont visibles qu'à marée basse (Plemont Bay et Rozel Bay à Jersey ou Moulin Huet Bay, Petit Bôt Bay et Petit Port, à Guernesey), voire interdites à la baignade, comme Platte Saline (Aurigny) où les courants et rouleaux sont dangereux.

POIDS ET MESURES

Quelques équivalences
1 pouce (1 inch) = 2,54 cm
1 cm = 0,39 inch
1 pied (1 foot) = 30,48 cm
1 verge (1 yard) = 0,943 m
1 m = 1,09 yard

1 mile terrestre = 1,609 km
1 km = 0,621 mile
1 mile marin = 1,852 km
1 once = 28,34 g
1 livre = 0,4536 kg
1 kg = 2,20 livres

POSTE

Jersey, Guernesey et Aurigny ont leurs propres timbres, mais ceux de Jersey peuvent être utilisés dans toutes les îles. Les timbres anglais n'ont pas cours dans l'archipel.

Jersey
Poste principale sur Broad Street, à St Helier (lun.-vend. 9h30-16h, sam. 9h-12h - ✆ 01534 616 616 - www.jerseypost.com).

Guernesey
Poste principale sur Smith Street, à St Peter Port (lun.-vend. 8h30-17h, sam. 8h30-12h - www.guernseypost.com).

POURBOIRE

Environ 10 % du montant de la course pour les **chauffeurs de taxi**.
Dans les **restaurants**, le service (5 % à 10 % de la note) n'est pas systématiquement compris. Ne vous étonnez donc pas, au moment du règlement, que le serveur vous demande de l'ajouter à l'addition.

PUBS

Généreuse et roborative, la cuisine des pubs (de 10h à minuit env., 16h dim.) vous permettra de goûter de nombreuses spécialités anglaises sans vous ruiner. Parmi les classiques : le *ploughman lunch* (déjeuner du laboureur), le *cottage pie* (équivalent du hachis parmentier, enrichi d'oignons et de carottes), le *beef and ale pie* (ragoût de bœuf cuit à la bière et servi en tourte) ou encore les *jacket potatoes* (grosses pommes de terre en robe des champs, accompagnées de fromage, de thon ou de jambon), sans oublier bien sûr l'inévitable *crab sandwich*... La plupart des pubs sont « child friendly » : menus enfants, chaises hautes, aires de jeux...
Le sytème est simple : on passe commande au bar, en indiquant bien le numéro de sa table, et, souvent, on paye à ce moment-là. Votre plat vous sera ensuite servi à table. *Idem* dans les cafés et salons de thé de l'archipel.

RESTAURATION

Nos adresses pour se restaurer p. 74 et pour prendre un verre p. 86.
Aucun risque de mourir de faim dans les îles... Peu importe l'heure : vous trouverez toujours un endroit où prendre votre petit-déjeuner, déjeuner ou dîner, sans parler des copieux *afternoon teas,* à l'occasion desquels il serait véritablement *shocking* de ne pas goûter aux *scones* accompagnés de *Jersey clotted cream !*
Pour manger à toute heure, pensez aux **pubs** *(ci-contre),* qui proposent tous des snacks, voire un plat du jour. Quant aux **beach cafés** (en bord de mer), au-delà du traditionnel *fish & chips,* ils rivalisent de fraîcheur et d'imagination, et proposent toutes sortes de produits, dont le délicieux *crab sandwich (voir p. 75).*

Enfin, les adeptes du **pique-nique** trouveront toujours des sandwichs à petits prix dans les rayons alimentation des grands magasins, ou des fruits au marché.
Qu'en est-il des restaurants plus « traditionnels » ? Axés eux aussi sur les produits de la mer, ils témoignent d'une curiosité culinaire toute britannique, et concoctent de surprenantes versions de plats traditionnels auxquels viennent parfois se mêler d'exotiques touches italiennes, chinoises, indiennes ou thaï.
Certains établissements proposent, comme dans de nombreux pays anglo-saxons, la formule **early bird dinner menu** : en acceptant de dîner aux heures creuses (17h30-19h), juste avant l'affluence du soir, le client bénéficie ainsi d'une remise non négligeable sur l'addition. Un bon plan à tester !

SHOPPING

Nos adresses Shopping p. 90.
Les îles sont exonérées de TVA. Produits phare : alcools, tabacs, parfums, bijoux (perles notamment), caramels à la crème de Jersey et célèbres pulls en laine de Jersey ou Guernesey.
Horaires – Tlj sf dim. 9h-17h30 (jeu. 19h, à Jersey).

Jersey

Liberty Wharf, une célèbre galerie commerçante de St Helier, est ouverte 7j/7. Logée dans une ancienne gare victorienne située sur Liberation Square, elle abrite des boutiques et cafés en tous genres.

Guernesey

Tout ce dont vous pourriez avoir besoin ou envie se trouve dans chacune des deux capitales, notamment dans les grands magasins *De Gruchy* et *Voisins,* et les célèbres enseignes *Marks & Spencer* ou *Boots* : ces derniers peuvent se révéler indispensables pour un adaptateur de prise électrique ou des piles pour votre appareil photo.

SPA ET BIEN-ÊTRE

À Jersey

Plusieurs grands hôtels, superbement situés pour la plupart, se sont dotés d'infrastructures luxueuses et proposent une gamme très étendue de soins : hydrothérapie, sauna, bains de boue, aromathérapie, jacuzzi, superbe piscine intérieure salée, hammam, massage, salle de gym ultramoderne...
The Club Hotel & Spa – www.theclubjersey.com ;
Grand Jersey Hotel & Spa – www.handpickedhotels.co.uk/grandjersey ;
The Royal Yacht – www.theroyalyacht.com ;
Radisson Blu Waterfront Hotel – www.radissonblu.com/hotel-jersey ;
L'Horizon Hotel & Spa – www.handpickedhotels.co.uk/lhorizon ;
Hotel de France – www.defrance.co.uk.

À Guernesey

Old Government House Hotel and Spa – www.theoghhotel.com ;
St Pierre Park – www.handpickedhotels.co.uk/stpierrepark ;
Bella Luce Hotel – bellalucehotel.com.

SPORTS ET LOISIRS

Sports nautiques

Pour le **surf**, rendez-vous à St Ouen et St Brelade's Bay (Jersey) ; et pour le kayak, à Plemont et la grève de Lecq (Jersey), Shell Beach (Herm) ou encore Longis Bay (Aurigny), avec la possibilité d'admirer les fonds marins à bord d'un **kayak** transparent, ou avec masque et tuba. Du côté de Guernesey, tous à Vazon Bay !

À St Brelade's Bay (Jersey), **Absolute Adventures** (www.absoluteadventures.je) propose une très large gamme d'activités : char à voile, coasteering, kayak, paddle, bouée tractée, etc.

Sorties en mer

À **Jersey**, observation des dauphins et des phoques avec le **Jersey Seafaries** (www.jerseyseafaris.com) ; kayak avec le **Jersey Kayak Adventures** (www.jerseykayakadventures.co.uk) ou l'Outdoor Guernsey (outdoorguernsey.gg) à **Guernesey**.

À **Guernesey**, l'*Access Challenger* (www.guernseyboatcharter.com), un bateau restauré de ses propres mains par Buz White, peut s'enorgueillir d'avoir accueilli la famille royale britannique. Il propose de multiples sorties thématiques à travers l'archipel (12 pers. maxi) au départ de St Peter Port.

À **Aurigny**, en période estivale et quand la météo le permet, des promenades en bateau à bord de l'*Avante II*, du *Lady Maris II* ou du *Sula of Braye* sont organisées autour de l'île. Des sorties en bateau se font également autour de l'île de **Burhou**, pour observer les macareux, et autour des **Étacs**, pour admirer les plongeons des fous de Bassan. Si vous êtes chanceux, vous pourrez apercevoir des dauphins ou des phoques près de Burhou Reef, tout comme à **Sercq** où sont également proposées des excursions ornithologiques.

Plongée

On peut effleurer des récifs, voire des épaves, dans les baies peu profondes de **Sercq** (www.sark.co.uk) ou s'initier à la plongée à **Guernesey** (www.facebook.com/diveguernsey) et à **Jersey**, à Bouley Bay (www.scubadivingjersey.com).

Randonnée

L'une des meilleures façons de découvrir toute la beauté de l'archipel est de suivre les sentiers côtiers qui dévoilent des falaises abruptes et des plages superbes, ou d'emprunter les petites routes tranquilles menant vers de discrètes vallées.

Les offices de tourisme locaux ont conçu un grand nombre de randonnées, à faire seul, entre amis ou accompagné d'un guide. Profitez-en ! Elles vous donneront l'occasion d'observer de près la flore et la faune des îles Anglo-Normandes.

Jersey

Indications de promenades, par zone géographique, sur le site de Jersey Tourism : www.jersey.com/self-guided-walks-in-jersey.

Jersey Walk Adventures – 07797 853 033 - jerseywalkadventures.co.uk. Propose des randonnées thématiques à marée basse sur l'estran (un des plus grands marnages rocheux du monde pouvant aller jusqu'à 13 m en marée d'équinoxe).

Guernesey

Pas moins de 42 miles, soit 68 km, de sentiers sont balisés sur l'île : **www.visitguernsey.com/see-and-do/cliff-paths**.

Tasty Walks – Vingt promenades auto-guidées permettent de découvrir le patrimoine naturel et historique de l'île tout en profitant de sa gastronomie. Rens. : **www.visitguernsey.com/see-and-do/walking-routes/**.

Aurigny

Propositions de randonnées (avec plans téléchargeables) sur le site de l'office du tourisme (visitalderney.com/see-do/walks-trails) ou à l'accueil de ce dernier.

Golf

Jersey

Malgré sa modeste superficie, Jersey possède sept terrains de golf, dont quatre à 18 trous. *www.jersey.com/fr/les-golfs-jersey.*

Les Mielles Golf & Country Club – *Rte de la Marette, St Ouen's Bay, St Peter - 01534 482 787 (golf) ou www.lesmielles.com.* Parcours de 9 et 18 trous, sans handicap, par 70, face à St Ouen's Bay. Location de clubs, chariots et buggies. Pour les accros, le *Golf Pass* dispense de réserver.

Guernesey

Hormis les terrains de golf du St Pierre Park Hotel à St Peter Port *(01481 728 282 - www.handpickedhotels.co.uk)* ou de La Grande Mare Hotel à Vazon Bay *(01481 256 576 - lagrandemare.com)*, vous pourrez goûter au *green* à 18 trous, de type links, du **Royal Guernsey Golf Club** *(01481 246 523 - www.royalguernseygolfclub.com)*, situé sur l'Ancresse Common, au nord de l'île.

Aurigny

Parcours de 18 trous, l'**Alderney Golf Club** *(01481 822 835 - www.alderney golfclub.com)* se situe sur la route des Carrières, entre St Anne et Longis Bay, et bénéficie d'un environnement superbe. Location clubs et chariots. Pour les pros, un événement annuel à ne pas manquer : l'Alderney Men's Open Golf Championship (2 j. en juin) et, une semaine plus tard, son équivalent féminin, le Ladie's Golf Open.

Parcs d'attractions

Jersey

Les Mielles FunZone – *Rte de la Marette, St Ouen's Bay, St Peter - 01534 483 699 - www.lesmielles.com.* À côté du parcours de golf, parc d'attractions pour petits et grands : course en Segway, trampoline, tir aux pigeons, golf miniature, *Spaceball Gyroscope* (pour se prendre pour un spationaute de la Nasa), etc.

Creepy Valley Adventure Centre – *Mont a la Brune - St Brelade - 01534 638 888 - www.valleyadventure.je.* Un centre d'accrobranche et autres installations avec cordes, pour aller à l'assaut du ciel !

aMaizin ! Adventure Park – *La Hougue Farm, La grande route de St Pierre, St Peter - 01534 482 116 - www.jerseyleisure.com.* Toboggans, karts à pédales, promenades en tracteur, etc.

Balade en calèche

Sercq
Pas envie de marcher ni de pédaler ? Laissez-vous transporter en calèche ou apprenez à la conduire ! *✆ 01481 832 027 - www.sarkcarriages.co.uk.*

TAXIS

Sur les îles Anglo-Normandes, les taxis ne peuvent être hélés dans la rue et doivent être commandés par téléphone, voire même par e-mail.

Jersey
Liste non exhaustive. Pour plus de détails, consulter le site *www.jersey.com/public-transport-and-taxis* :
Yellow Cabs – ✆ 01534 888 888 - www.yellowcabs.je.
Domino-cabs – ✆ 01534 747 047 - www.domino-cabs.co.uk.
Liberty Cabs – ✆ 01534 767 700 - www.libertycabs.je.

Guernesey
Liste non exhaustive. Pour plus de détails, consulter le site www.visitguernsey.com/taxis.
A & S Taxis – ✆ 07781 125 544 - www.astaxis.com.
Island Taxis – ✆ 01481 700 500 - www.islandtaxis.gg.
Mike Mauger – ✆ 07781 111 999 - www.guernseytaxitours.gg. Propose notamment des tours de l'île en taxi.

Aurigny
Liste non exhaustive. Pour plus de détails, consulter la rubrique *Taxis, Excursions & Hire Cars* sur www.alderney.gov.gg.
A1 Taxis – ✆ 01481 824 182.
Bill's Taxis – ✆ 07911 730 303.
Island Taxis – ✆ 01481 823 823.

TÉLÉPHONE

Des frais d'itinérance peuvent être appliqués suite au Brexit, vérifiez auprès de votre opérateur.
De la France vers les îles Anglo-Normandes – Composez le 00 44 (indicatif de la Grande-Bretagne) suivi de l'indicatif local sans le 0 initial (Jersey : 1534 ; Guernesey et Aurigny : 1481), puis du numéro de votre correspondant.
Des îles vers la France – Composez le 00 33 suivi du numéro de votre correspondant (sans le 0 initial). Idem pour les portables.
Un numéro local sur les îles – À l'intérieur d'un bailliage, composez directement le numéro de votre correspondant sans l'indicatif. Vers un autre bailliage, composez l'indicatif local (avec le 0) suivi du numéro de votre correspondant.

TOILETTES

Partout sur l'archipel, les toilettes publiques sont nombreuses, propres et gratuites. En outre, tout établissement recevant du public est équipé de toilettes.

TRANSPORTS PUBLICS

Jersey
Les bus de la compagnie **LibertyBus** circulent tous les jours et desservent la quasi-totalité de l'île. Bureau d'accueil au terminal des bus derrière Liberation Square, à St Helier : ✆ 01534 828 555 - libertybus.je.
Trajet simple : 2,40 £ (2 £ sans contact, payer à bord).
Formules de **transport illimité** : 1 j.

(8 £, famille 18 £), 2 j. (15 £, famille 31,50 £), 3 j. (21 £, famille 42 £) ou 7 j. (32 £, famille 65 £).
Les **arrêts de bus** sont signalés par des panneaux, ou par le mot « BUS » inscrit en blanc sur le sol, auquel cas vous devrez héler le bus.
Rubrique *Routes & Times* du site libertybus.je. Il contient également un moteur de recherche très pratique, le *Journey Planner*, qui permet de visualiser en ligne votre itinéraire.
En haute saison, un service relie les plages, les hôtels et les attractions touristiques.

Guernesey

La compagnie **CT Plus** (St Peter) dessert pratiquement toute l'île chaque jour de la semaine.
Le **ticket à l'unité** (1 £), payable au chauffeur, est valable pour un **trajet simple** sur une même ligne.
Formules de **transport illimité** : 1 j. (5 £, famille 10 £), 2 j. (8,50 £, famille 17 £) ou 7 j. (16 £, famille 38 £). Ces pass s'achètent au terminal des bus, au port, sur Albert Pier.
Rens. : 01481 700 456 - www.buses.gg.

VÉLO

Le vélo est idéal pour découvrir les îles, en particulier Sercq où la voiture est interdite. Vous pourrez prendre votre vélo sur le ferry (à vérifier auprès du transporteur) ou en louer un sur place. Comptez de 12 à 18 £/j., casque compris. Attention, le vélo est interdit à Herm.

Jersey

Cette île possède un excellent réseau cyclable de 563 km à explorer (balisé en 10 « routes »). Sur les **green lanes** (voies vertes), vélos et piétons ont la priorité. *Voir aussi p. 32.*
Zebra Hire – 9 The Esplanade et 10 Commercial St. - St Helier - 01534 736 556 - www.zebrahire.com. Location de vélos. Balades guidées.
Jersey Funbike – Old German Tunnels - Railway Path - St Aubin - 01534 746 780 - www.littletrain.co.uk. Location de vélos. Balades guidées.
Puffin Bike Hire – St Helier - 01534 746 780 - www.jerseybikehire.co.uk. Location de vélos. Balades guidées. Livraison gratuite n'importe où sur l'île.
EVie – evie.je/bike. Location de vélos (et voitures électriques) gérée par une application qui recense les engins disponibles sur une carte.

Guernesey

Parcourez en toute tranquillité les **ruettes** ou les sentiers côtiers à bicyclette, mais attention : la signalisation est parfois défaillante.
Onze itinéraires à vélo, à télécharger sur www.visitguernsey.com/see-and-do/cycling-routes.
Donkey's Days Out Cycle Tours – 07781 433 611 - donkeysdaysout.co.uk. Balades guidées menées par un guide accrédité. Location vélos 10 £/j. (enf. 7 £/j.) ; balades 3h-3h30 : 17,50 £.

Aurigny

Cycle and Surf – 01481 832 102 - www.cycleandsurf.co.uk. Location de vélos en ville : VTT, vélos électriques, tandems.

Sercq

Avenue Cycle Hire – 01481 832 102 - www.avenuecyclessark.co.uk. Location de vélos sur l'artère

principale de l'île. 7,50 £/j.
A to B Cycles – ✆ 01481 832 844. Location de vélos sur Mermaid Road.

VISITES GUIDÉES

Les Pass

Heritage Pass à **Jersey** – Valable 7 j., il donne accès à 4 des grands musées de l'île pour le prix de 3 : www.jerseyheritage.org/heritage-pass - 35,35 £ (enf. 23,45 £, famille 99,95 £).
Discovery Pass à **Guernesey** – Valable 1 an, il permet un accès illimité à 4 sites – Castle Cornet, Fort Grey, Guernsey Museum et German Naval Signals Headquarters – avec entrée libre pour les enfants des titulaires. Réductions dans les boutiques des sites et accès gratuit

aux Jersey Museum et Alderney Museum : www.museums.gov.gg/DiscoveryPass - 18 £/pers.

Jersey

Promenades thématiques – À travers l'île : patrimoine bâti (St Helier's Old Quarter), activités traditionnelles (The Oyster Trail), nature (South Coast Charity Challenge)... Chaque promenade est décrite avec tarif, dates et contact pour s'inscrire : www.jersey.com/see-and-do/attractions.
Le Petit Train – ✆ 01534 746 780 - www.littletrain.co.uk - dép. tlj de 10h30 à 16h30 de Liberation Sq. Tour de St Helier ou jusqu'à St Aubin (commentaires en français).
Jersey Bus Tours – ✆ 01534 863 624 - jerseybustours.com - fin mars-déb. nov. Excursions ou tour de l'île, en bus traditionnel ou *vintage*.
Taste of Jersey – Visites axées sur la gastronomie de l'île : pommes de terres, fraises, huîtres et crustacés de Jersey, entre autres... Commentaires sur l'agriculture, la pêche, et rencontres avec des producteurs : jerseyfoodtours.co.uk - jeu.-sam. - 2h30 env. (2 km de marche) - 48 £/pers. (moins de 5 ans, gratuit) - guide francophone possible.

Guernesey

Promenades d'observation des oiseaux – Au printemps et en été avec la **Royal Society for the Protection of Birds** *(www.rspbguernsey.co.uk)*.
Le **National Trust of Guernsey** *(www.nationaltrust.gg/places-to-visit)* et l'agence **Outdoor Guernsey** *(www.nationaltrust.gg)* proposent aussi des promenades guidées.
La **Bailiwick of Guernsey Guild of Accredited Guides** *(www.guernseyguidedtours.com)* propose des visites thématiques (découverte de St Peter Port, par exemple) menées par des guides accrédités.
Voir aussi Vélo p. 121.
Dans St Peter – Visites guidées avr.-oct. 10h30-12h, et aussi mar. et jeu. 14h30-16h30 ; reste de l'année : sam. à 10h30 - 10 £/pers. - dép. office de tourisme.
Visites de jardins privés – **Open Gardens** (jardins ouverts) n'a pas de date précise ; au moins 6 jardins privés accessibles au public une journée, entre mai et septembre : www.floralguernsey.co.uk/event/category/floral-guernsey-event.

Aurigny

Découverte du patrimoine et de la nature – Visites guidées organisées par le Alderney Wildlife Trust : www.alderneywildlife.org.

Agenda culturel

JERSEY

Mars

▶**Channel Islands Heritage Festival** - (5 sem. de fin mars à mi-mai) Nombreux événements et visites.

▶**Spring Flower Show** - (fin du mois) Festival floral organisé par la Royal Jersey Agricultural & Horticultural Society (à Trinity).

Mai

▶**Liberation Day Celebration** - (9 mai, j. férié) Fête commémorative de la libération de l'archipel.

▶**Spring Walking Week** - (8 jours) Visites et randonnées proposées sur www.jersey.com.

▶**Jersey Shore Festival** - Fête de bord de mer, sur la côte Est (musique *live*, jeux de plage, etc.).

Juin

▶**The RUBiS Jersey International Motoring Festival** - (4 jours) Motos et voitures anciennes. jimf.je.

▶**Sunset concerts** - (w.-end le plus proche du solstice d'été). Deux concerts gratuits en plein air face à la baie de St Ouen et au soleil couchant. Amenez votre pique-nique - www.nationaltrust.je

Juillet

▶**Tour des ports de la Manche** - Régate annuelle reliant différents ports de plaisance de la Manche et des îles Anglo-Normandes (Jersey et Guernesey) - tourdesports50.fr

Août

▶**Battle of Flowers Grand Day Parade** - (mi-août) « Bataille des fleurs ». Défilés diurne et nocturne de chars fleuris, à St Helier, avec musiciens, danseurs et feu d'artifice - www.battleofflowers.com.

Septembre

▶**Weekender Festival** - (déb. du mois) Le plus grand festival de musique *live* de l'archipel, au Royal Jersey Showground (à Trinity) - www.weekenderjersey.com.

▶**International Air Display** - (1re quinz.) Meeting aérien mettant en scène des avions militaires et civils (à St Aubin's Bay et St Helier) - www.jerseyairdisplay.org.uk.

▶**Autumn Walking Week** - (8 j.) 40 visites guidées gratuites détaillées sur : www.jersey.com.

▶**Beer festival** - (3 j., 2e quinz.) À St Helier, festival principalement dédié à la bière, avec de nombreux brasseurs de Jersey et du monde, mais aussi au gin et à la gastronomie. Randonnées thématiques - www.beerislandfestival.com.

▶**Heritage Open Day** - (2e quinz.) Accès gratuit à des bâtiments historiques habituellement fermés à la visite - www.nationaltrust.je.

▶**Super League Triathlon** - (fin du mois) Le rendez-vous des meilleurs triathlètes du monde, mais aussi de nombreux amateurs - superleaguetriathlon.com.

Octobre

▶ **Tennerfest** – Festival gastronomique qui tire son nom du billet de 10 £, le *tenner :* de nombreux hôtels, restaurants, cafés et pubs de **Jersey** et **Guernesey** proposent leurs spécialités à prix doux (menus à partir de 10 £) - www.tennerfest.com.

▶**Faîs'sie d'Cidre** – (mi-oct.) À Hamptonne. Festival du cidre avec dégustations - www.jerseyheritage.org.

▶**Célébration du Black Butter** – Fêtes à l'occasion de la nouvelle production de « beurre noir » *(voir p. 153)*.

Décembre

▶**Fête dé Noué** – (déb. du mois) À St Helier : illuminations sur Weighbridge Place et Royal Square ; marché de Noël, théâtre de rue, chants de Noël en plein air, défilé de chars illuminés.

GUERNESEY

Mars

▶**Channel Islands Heritage Festival** – (5 sem. de fin mars à mi-mai) Nombreux événements et visites, à Guernesey, Sercq et Aurigny.

Mai

▶**Liberation Day Celebration** – (9 mai, j. férié) Commémoration de la libération avec parade et carnaval.

▶**Market Square Concerts** – (mai-sept.) Concerts le samedi sur Market Square à St Peter Port.

▶**Spring Walking Festival** – (2 sem. fin du mois) Festival dédié à la randonnée proposant de multiples balades thématiques (de 8 à 15 £ env.) conduites par des guides officiels.

Juin

▶**Guernsey Floral Festival** – (1re quinz. du mois) Version estivale du festival dédié aux fleurs.

Juin à août

▶**Eat, drink and be local** – (6 w.-ends) Sur le port de St Peter. Découverte de la gastronomie et de la culture locales : animations, concerts et dégustations - edablgsy.org.

Juillet

▶**Lé Viaër Marchi** – (déb. du mois) « Le Vieux Marché » : pour découvrir les traditions de Guernesey le temps d'un soir à Saumarez Park. Artisanat, danses et costumes folkloriques, langues ancestrales et cuisine traditionnelle - www.nationaltrust.gg.

▶**Torteval Scarecrow Festival** – (fin du mois) L'un des festivals les plus populaires de l'île, à l'occasion duquel on élit son épouvantail préféré !

Août

▶**Rocquaine Regatta** – (déb. du mois) Une journée d'activités et de jeux, sur la plage de Rocquaine Bay et en mer.

▶**North Show and Battle of Flowers** – (2e quinz.) « Bataille des fleurs ». Concours horticole pour l'élection du plus beau char fleuri. Divertissements liés à l'agriculture et à l'artisanat.

Septembre

▶**Guernsey Air Display** – (mi-sept.) Commémoration de la bataille d'Angleterre et spectacles aériens - www.guernseyairdisplay.com.

▶**Guernsey Food Festival** – (fin sept. début oct.).

▶**Autumn Walking Festival** - (2 sem. fin du mois) Version automnale du festival dédié à la randonnée, avec des sorties menées par des guides officiels (*Voir* **Spring Walking Festival** *p. 124*).

Octobre

▶**Plant Heritage Nerine Festival** - (2e quinz.) Exposition de lys de Guernesey (*nerines*) aux Candie Gardens (à St Peter Port).

Décembre

▶ **Christmas Markets & Festive Tours** - (mi-déc.) Marchés de Noël, illuminations et chants en plein air annoncent les fêtes de fin d'année dans la capitale de l'île. Des tours en calèche de l'île ou en petit train de St Peter sont également organisés.

SERCQ

Avril

▶**Wild Flower Fortnight** - (fin avr.-déb. mai) Visites guidées des fleurs en éclosion.

Juin

▶**Sark Midsummer Show** - (fin du mois) Festival floral.

Juillet

▶**Sark Summer Festival** - (1er w.-end) Fête de musiques éclectiques, avec marché d'artisanat et de produits du terroir - www.sarksf.com.

▶**Sark Sheep Racing** - (2e quinz.) Course de moutons.

Août

▶**Carnaval** - (déb. du mois) Fête du village.

AURIGNY

Mai

▶**Milk-O-Punch Sunday** - (1er dim.) Dégustation gratuite de « potion magique » (rhum, lait, œufs, noix de muscade) dans tous les pubs de l'île.

▶**Arts festival** - (dernier w.-end) Festival des arts du spectacle : musique, danse, sculpture, cirque... alderneyperformingartsfestival.com.

Août

▶**Alderney Week** - (déb. du mois) Le grand carnaval d'été d'Aurigny, pour tous les âges.

▶**Chamber music festival** - (fin du mois) Festival de musique de chambre - acmf.co.uk

Octobre

▶**Alderney Angling Festival** - (2e quinz. du mois) Compétition de pêche en mer.

Décembre

▶**Homecoming Day** - (15 déc.) Commémoration du retour sur l'île d'un premier groupe d'insulaires, après l'évacuation massive de l'île en 1940.

Pour en savoir plus

Little Chapel (Guernesey).
HaraldBiebel/iStock

Un peu de géographie...

C'est dans la Manche, au large des côtes occidentales du Cotentin et au nord de la baie de St-Malo, que s'étendent les *Channel Islands*. Combien sont-elles ? On en dénombre seize au total, mais seulement six d'entre elles sont habitées : Jersey, Guernesey (Guernsey), Aurigny (Alderney), Herm, Jethou et Sercq (Sark). Ces îles sont divisées en deux **bailliages** *(bailiwicks) :* celui de Jersey et celui de Guernesey. Des estimations récentes (2016) situent la population de Jersey à quelque 104 200 habitants et celle de Guernesey à 62 723 habitants ; l'ensemble est réparti sur 194 km^2.

JERSEY

Le bailliage de Jersey regroupe l'île du même nom et quelques îlots rocheux : les **Écrehous** et les **Minquiers** (ou Minkies). Jersey, avec ses 116 km^2, est la plus grande des îles de l'archipel. Elle s'étend sur 14,5 km d'est en ouest, et sur 8 km du nord au sud. Elle est située à 25 km au large du Cotentin, au point que, pour reprendre le mot de Barbey d'Aurevilly : « Carteret et Jersey se regardent, et de si près qu'on pourrait dire qu'ils se regardent dans le blanc des yeux » *(Une vieille maîtresse)*. Elle est constituée d'un socle de granit rose et gris qui, en se décomposant, produit un sol propice à l'évacuation des eaux, fertilisé depuis des siècles par le **vraic**, engrais constitué d'algues. Les falaises de la côte nord servent d'assise à un plateau qui s'incline doucement vers les plages du sud. L'île bénéficie d'un ensoleillement remarquable, favorisant la production d'une variété de pommes de terre locale, les *Jersey Royal*. Elle entretient par ailleurs un important cheptel de vaches laitières à la robe noire. La moitié de la superficie de l'île est vouée à l'agriculture. Mais les fleurs sauvages y abondent, parmi lesquelles l'orchidée pourpre (qui fleurit en mai et juin) et la « Dame nue » (*Naked Lady* ou lys de Jersey), qui s'épanouit en août et septembre.

Du point de vue administratif, Jersey est divisée en 12 paroisses (à la fois civiles et religieuses), la principale étant la capitale de l'île, **St Helier**.

GUERNESEY

(Guernsey)

Le bailliage de Guernesey est constitué des îles de Guernesey, Lihou, d'Aurigny (Alderney), de Herm, de Jethou et de Sercq (Sark), ainsi que du rocher du phare des **Casquests** et de deux îlots inhabités, **Burhou** et **Ortach**. Guernesey a la forme d'un triangle de 11 km sur 14,5 km. L'île produit des primeurs (courgettes, poivrons, brocolis) et des fleurs coupées. Elle possède aussi sa race de vaches laitières, traditionnellement de robe couleur sable. Divisée en 10 paroisses, elle a pour capitale **St Peter Port**.

Arrachés au continent

Selon une tradition que les insulaires aiment à répéter, les îles auraient été arrachées au continent par un terrible raz-de-marée qui, en mars 709, ravagea les côtes normandes occidentales et les côtes nord de la Bretagne. Les îles de Guernesey, Sercq et Herm, qui n'en formaient qu'une, se séparèrent alors, et les îles de Jersey et d'Aurigny, qui faisaient partie du continent, se trouvèrent isolées ; ce serait ce même raz-de-marée qui aurait fait du mont Saint-Michel une île ! Ce n'est bien entendu qu'une légende. En fait, elles doivent leur insularité au réchauffement climatique survenu à la fin de la dernière glaciation, il y a environ 10 000 ans : la fonte de la calotte glaciaire entraîna alors la montée du niveau de la mer, de façon très progressive, puisqu'une vingtaine de siècles sépare l'apparition de Guernesey de celles d'Aurigny et de Jersey.

SERCQ

(Sark)

Proche de Guernesey, Sercq (5 km^2) est constituée de deux parties (*Great Sark* et *Little Sark*) reliées par un isthme étroit et spectaculaire, **la Coupée**, bordé de chaque côté de falaises vertigineuses. Le climat, humide et doux grâce à l'influence du Gulf Stream, a fait de l'île un véritable jardin botanique où abondent magnolias, rhododendrons, azalées, hortensias et autres camélias.

HERM

Herm (2,5 km^2) est l'île la plus proche de Guernesey. Son relief est vallonné, et les prairies couvertes de fleurs sauvages. **Shell Beach**, au nord-est de l'île, est une étonnante plage constituée d'une multitude de coquillages.

AURIGNY

(Alderney)

Troisième de l'archipel par sa taille (5,6 km sur 2,4 km, soit une superficie de 8 km^2), Aurigny est à la fois l'île la plus septentrionale et la plus proche des côtes françaises puisqu'elle n'est située qu'à 15 km des côtes du Cotentin. Légèrement vallonnée, Aurigny est bordée au nord et à l'est par une côte rocheuse entrecoupée de plages de sable et au sud et à l'ouest par des falaises. C'est aussi l'île la plus sauvage et la moins fréquentée.

« Des morceaux de France tombés dans la mer...

... et ramassés par l'Angleterre. » C'est ainsi que Victor Hugo définissait de façon lapidaire – mais tellement juste – les îles Anglo-Normandes (ou *Channel Islands* pour les Anglais, plus soucieux d'exactitude géographique que d'histoire).

UN HÉRITAGE MÉDIÉVAL

« Les îles n'appartiennent pas à l'Angleterre, c'est l'Angleterre qui nous appartient », aiment répéter les insulaires. La boutade explique que depuis 1204, les souverains anglais ont toujours reconnu aux îles leur statut particulier, parfois certes révisé et adapté aux exigences du moment. C'est ainsi qu'elles ont conservé des traditions et un système de gouvernement hérités des anciens ducs de Normandie, titre toujours porté de nos jours par le souverain anglais. Au premier rang de ces privilèges, les impôts et taxes, très faibles, ainsi que le droit de battre monnaie et d'émettre leurs propres timbres.
Comme elles dépendent directement de la Couronne sans être pour autant membres du Royaume-Uni, les îles n'envoient pas de députés au Parlement de Westminster. Elles disposent de leurs propres parlements qui votent les lois locales, auxquelles s'ajoutent parfois quelques lois britanniques, sous réserve de leur acceptation par les insulaires. Bien entendu, certains accords les lient à la Couronne, notamment celui par lequel elles délèguent la gestion de la politique étrangère au Foreign Office. Autre originalité : elles ne font pas partie de l'Union européenne, mais entretiennent avec elle des liens spécifiques précisés dans l'article 3 du traité d'adhésion du Royaume-Uni à celle-ci.

BAILLIAGES ET PAROISSES

Administrativement, les îles sont divisées en deux **bailliages** : Jersey d'une part, et Guernesey d'autre part, à laquelle sont rattachées Herm, Sercq et Aurigny. Chaque bailliage est dirigé par un bailli nommé par la reine et qui fait office de chef de l'État. Cela ne les empêche pas de bénéficier d'un régime démocratique.
Jersey se divise en douze **paroisses** qui envoient aux **States of Jersey** (Parlement) 53 membres, députés, sénateurs ou **connétables** *(constables)*. La reine nomme en outre le lieutenant gouverneur, chef militaire de l'île, le doyen, représentant de l'église anglicane, le procureur général et l'avoué qui siègent au Parlement avec voix consultative. Il en va à peu

près de même à Guernesey dont les **States of Deliberation** sont composés de 33 députés élus au suffrage universel pour trois ans, de 10 représentants des paroisses et de 12 conseillers élus par les States pour une durée de six ans. Ici aussi, le bailli, le lieutenant général et le procureur sont nommés par la reine. Ces parlementaires sont élus sur leur nom, et non en tant que représentants d'un parti politique : il n'y en a aucun dans l'archipel !

Le cas de **Sercq** est un peu différent, puisque selon la tradition féodale, l'île est gouvernée par un « seigneur » (ou une « dame »), titre héréditaire qui se transmet depuis 1565. Mais depuis 2008, une assemblée élue vient tempérer ce vestige de féodalité.

UN DROIT COUTUMIER

Héritage du vieux duché de Normandie, les îles bénéficient d'un droit et d'un système de gestion communautaire originaux. C'est ainsi que les 12 paroisses de Jersey sont administrées par un **connétable** (« comte de l'étable ») qui dirige les vingteniers (gendarmes) et centeniers (agents du fisc), élus eux aussi. Tous exercent à titre bénévole, de même que les membres du comité des Chemins chargé de veiller à l'état des routes, et les procureurs du Bien public (deux par paroisse) qui protègent les intérêts des contribuables.

Les vingteniers veillent notamment à contrôler le **ramassage des ormers**, extrêmement encadré en raison de la raréfaction de ce délicieux coquillage. Ainsi, durant la saison de pêche (octobre-avril), le ramassage est limité au jour de la nouvelle lune et de la pleine lune et aux trois jours suivants. Ce sont également eux qui s'occupent de la **visite du branchage**, chaque année en juillet et septembre. Il s'agit de vérifier que les branches des arbres ne tombent pas à moins de 2,40 m au-dessus d'un sentier, et de 3,60 m au-dessus d'une route. Les propriétaires contrevenants sont soumis à une amende de 50 £ !

Enfin, il faut parler de la **clameur de Haro**, coutume qui remonterait à l'époque du jarl (comte) Rollon, au 10e s. : il s'agit d'une requête qui doit être prononcée en présence de deux témoins parmi lesquels l'avocat général. Tout citoyen soupçonnant que l'on cherche à lui porter tort s'exclame alors : « Haro, Haro, à l'aide mon Prince, on me fait tort ! » La clameur a un effet suspensif immédiat de l'action contestée jusqu'à la décision du tribunal.

L'ÉCONOMIE

Profitant des exemptions fiscales dont jouissent les îles Anglo-Normandes, le **secteur des finances** (banques, assurances...) en est le principal moteur économique. Jersey, qui compte aujourd'hui 28 banques en provenance des cinq continents, illustre bien cette tendance. Ces établissements bancaires cumulent 118 milliards de livres sterling de dépôts (soit 135 milliards d'euros). L'île recense par ailleurs 32 000 sociétés et emploie plus de 13 000 salariés dans ce secteur stratégique

(chiffres décembre 2017), s'affirmant ainsi comme un centre financier d'importance internationale. La minuscule île d'Aurigny apporte sa pierre à l'édifice en abritant le registre des noms de domaine de plusieurs opérateurs de sites de **jeux en ligne** dont elle tire de substantiels bénéfices.
Autre grand secteur, le **tourisme** représente à lui seul environ un quart du PIB des îles Anglo-Normandes. 80 % des touristes viennent des îles britanniques. Il s'agit de plaisanciers attirés par les marinas, d'amateurs de surf et de baignade en mer, ou d'adeptes du tourisme vert attirés par le charme des campagnes anglo-normandes.
Plus traditionnellement, l'économie repose sur la **pêche** et l'**agriculture** (même si la fameuse tomate de Guernesey, cultivée sous serre, n'est plus qu'un souvenir). Les îles continuent à produire des primeurs réputés ainsi que des fleurs coupées. L'industrie traditionnelle du tricot (les fameux « jerseys ») se maintient et permet d'exporter, tant vers la France que vers l'Angleterre. Enfin, et de façon plus anecdotique, le commerce des pièces de monnaie et des timbres locaux est assez rémunérateur.

UN DOUX MÉLANGE DE CULTURES

En débarquant sur les îles Anglo-Normandes, le visiteur a la curieuse impression de mettre le pied dans deux pays à la fois. Ici, on roule à gauche, on parle anglais et l'on trouve des pubs à chaque coin de rue. Pourtant, les villages ont un indéfinissable parfum d'Hexagone. Et pour cause... Du fait de son histoire et de son poids démographique, l'Angleterre a fini par imposer sa langue et ses usages sur un vieux fonds français... ou plus exactement normand.

Langues en péril

Victor Hugo ne pourrait plus, comme il le fit en son temps, passer une quinzaine d'années à Guernesey sans parler un seul mot d'anglais ! L'accroissement de l'immigration anglophone depuis la guerre, et l'importance des liens à la fois politiques et économiques entretenus avec la Grande-Bretagne, ont conduit à une anglicisation progressive des îles. Depuis 1966, la langue officielle de Guernesey est l'anglais, tandis qu'à Jersey, le français a conservé tant bien que mal son statut de langue co-officielle. Aujourd'hui, entre 5 000 et 10 000 insulaires, pour la plupart des personnes âgées, parleraient encore le ***jèrriais*** *à Jersey et le* ***dgèrnesiais*** *à Guernesey. Fortement menacées d'extinction, ces formes du* ***franco-normand****, la langue des descendants des conquérants normands, avaient quasiment disparu de la vie courante. Mais le jèrriais vient d'être remis au goût du jour par un vote de l'Assemblée des États de Jersey, qui l'établit comme langue officielle. Voué aux en-têtes des lettres officielles et à un complément plus « couleur locale » de la signalisation, il doit remettre en avant les origines historiques de l'île. La question de son enseignement obligatoire n'est en revanche pas évoquée...*

QUATRE ÎLES, QUATRE DIALECTES

« Ces prémises sont terre à l'amende. » Autrement dit : « Défense de stationner sous peine de PV. » Avouez que l'injonction a une autre allure ! C'est que dans les îles, le **normand** est encore très présent dans les patronymes et dans la toponomie. « Le » normand ou « les » normands ? Le jèrriais et le dgèrnesiais n'auraient paraît-il que très peu en commun ! Disons, pour faire simple, que ces parlers normands, distincts du normand continental (dit de la grand'terre) et imprégnés pour une part de mots anglais adaptés (ainsi le verbe *ouassigner,* droit venu du *washing* anglais), se distinguent à Jersey par l'emploi fréquent d'un « th » intervocalique (bière se dit « bièthe »), et à Guernesey par une abondance de diphtongues.

UNE LITTÉRATURE INSULAIRE ?

Le « père » de la littérature jersienne est **Robert Wace** (né vers 1110), célèbre pour le *Roman de Rou* et le *Roman de Brut,* des chansons de geste retraçant l'épopée des ducs de Normandie. Par la suite, l'éclosion et l'essor d'une littérature propre aux îles a été entravée par l'absence d'imprimerie. Il fallut attendre 1784 pour voir la première s'y installer, ce qui est normal si l'on considère qu'il suffisait de douze copies manuscrites de tout document administratif pour qu'il soit porté à la connaissance de l'ensemble des citoyens.
Au début du 19e s., la publication de journaux locaux a permis à des poètes de s'exprimer. Certains sont restés (localement) célèbres comme, à Jersey, **Jean Sullivan** (1813-1899), auteur d'un hymne vibrant à l'héroïque major Peirson, ou **Augustus Asplet Le Gros** (1840-1877), qui écrivit de nombreux sonnets. À Guernesey, on citera **Denys Corbet** (1826-1910) qui se surnommait lui-même le « drain rimeux » (le dernier poète). Plus tard, **Frank Le Maistre** (1910-2002), auteur d'un dictionnaire jèrriais-français, rédigea sous le pseudonyme de Marie La Pie ses *Chroniques de Jersey*.
La littérature ayant les îles pour thème est surtout de langue anglaise, si l'on excepte Victor Hugo qui y situe *Les Travailleurs de la mer*. La guerre et l'Occupation ont inspiré au dramaturge **William Douglas-Home** (1912-1992) sa pièce *La Dame de Sercq,* tirée des mémoires de Sybil Hathaway. Plus récemment (2009), deux Américaines, **Mary Ann Shaffer** et **Annie Barrows**, ont publié un remarquable roman épistolaire, *Le Cercle littéraire des amateurs d'épluchures de patates,* qui se situe à Guernesey pendant l'Occupation – adapté au cinéma sous le titre *Le Cercle littéraire de Guernesey* (2018). Cette période est également évoquée dans *Le Livre des mensonges* de la romancière **Mary Horlock** qui a fait sensation en Angleterre en 2011. Mais le grand roman des îles demeure sans aucun doute *Sarnia* (1981), rédigé par un authentique guernesiais, **Gerald Basil Edwards**.

Les grandes dates des îles Anglo-Normandes

- 25 000 – Première colonisation humaine.
3e s. – Première mention des îles Anglo-Normandes dans *l'Itinéraire d'Antonin.*
6e s. – Christianisation.
933 – **Guillaume Longue-Épée** rattache les îles Anglo-Normandes au duché de Normandie.
1204 – Après la réunion de la Normandie à la Couronne française, les îles choisissent de rester fidèles au duc de Normandie, roi d'Angleterre.
1213 – Première Constitution.
1483 – Une bulle papale proclame la neutralité des îles.
1565 – Helier de Carteret est nommé premier seigneur de Sercq.
1642-1658 – Jersey reste fidèle au roi Charles Ier, contre Guernesey qui soutient Cromwell.
1781 – Mort du **major Peirson** lors de la bataille de Jersey.
1827 – Première ligne maritime régulière entre Weymouth et Jersey.
1852 – Arrivée de **Victor Hugo** à Jersey, puis en 1855, à Guernesey.
1901 – L'anglais devient la langue officielle.
Juin 1940 – Les îles sont occupées par l'armée allemande et Aurigny est évacuée.
6 juin 1944 – Débarquement allié en Normandie. Début d'un blocus qui affame envahisseurs et autochtones.
9 mai 1945 – Libération des îles par les troupes britanniques.
1946 – Rachat de Herm, qui est aussitôt rattachée au bailliage de Guernesey.
1948 – Nouvelle Constitution.
1953 – Les Écrehous et les Minquiers sont attribués à Jersey par le Tribunal international de La Haye.
1992 – Les îles refusent d'entrer dans l'Union européenne.
2000 – Délimitation des zones de pêche entre Jersey et les côtes françaises.
2008 – Sous l'impulsion des frères Barclay (*p. 142*), Sercq adopte le **suffrage universel**, sortant ainsi du système féodal.
2012 – Découverte à Jersey du plus grand **trésor** de monnaie celte jamais mis au jour, composé de plus de 70 000 pièces armoricaines frappées vers 50 av. J.-C.
2014 – Signature d'un accord pour la création d'un *joint-venture* prévoyant à l'horizon 2021 la construction d'une **ferme hydrolienne** à proximité d'Aurigny. Première édition du **Channel Islands Heritage Festival**.
2016 – Création du Jersey National Park.
2017 – Jersey et Guernesey entrent dans la liste grise des paradis fiscaux établie par l'Union européenne.
2019 – Le jèrriais devient l'une des langues officielles de Jersey.
2020 - Les îles ont fêté le 75e anniversaire de leur libération.

« La reine, notre duc »

Les plus anciennes traces d'occupation humaine sur les îles ont été découvertes à proximité de St Brelade (Jersey). Des populations vivaient ici il y a quelque 25 000 ans, dans des grottes, et chassaient mammouths et autres rhinocéros laineux en les obligeant à se précipiter du haut des falaises. Il est vrai qu'à l'époque, les îles étaient encore rattachées au continent (*p. 130*).
Entre 4500 et 2000 av. J.-C., à l'époque néolithique, les habitants étaient devenus des agriculteurs organisés en sociétés évoluées, dont témoignent à la fois des vestiges archéologiques (tombes collectives sous forme d'allées couvertes constituées d'énormes dolmens ou de tumulus) et des objets (bijoux, armes, outils) aujourd'hui conservés au Jersey Museum.

C'est à la fin du 3e s. de notre ère que les îles Anglo-Normandes entrent dans l'histoire : elles sont en effet mentionnées dans *L'Itinéraire d'Antonin,* cet ancêtre des guides de voyage, qui décrit 372 voies dans tout l'Empire romain. On y cite les îles d'Angia, de Lisia, Sarmia et Sargia. Plus ou moins occupé par les Romains (ainsi que l'atteste le vaisseau découvert près de St Peter Port), l'archipel est peuplé aux 5e et 6e s. par les Bretons qui émigraient alors de l'actuelle Angleterre vers l'Armorique. Ils seront évangélisés par saint Marculf à partir de 538, et par des ermites tels que saint Helier ou saint Brelade.

UN PEUPLE VENU DU NORD

Les incursions de plus en plus fréquentes des Vikings font peser sur les îles un climat d'insécurité. Venus de Norvège, ces envahisseurs multiplient les raids sur le continent et font régner la terreur jusqu'en 911, date à laquelle, par le traité de Saint-Clair-sur-Epte, le roi de France Charles III le Simple accorde au jarl (chef) des Vikings de la Seine, **Hrolf** ou **Rollon**, le comté de Rouen. En échange, celui-ci doit se convertir au christianisme et défendre le pays contre les incursions d'autres Vikings.
Le fils de Rollon, **Guillaume** dit **Longue-Épée** (v. 910-942) parachève l'œuvre paternelle en joignant à la Normandie devenue duché, le Cotentin et l'Avranchin puis, en faisant main basse en 933 sur les îles Anglo-Normandes. Celles-ci ont conservé jusqu'à nos jours l'organisation en paroisses qui fut alors décrétée.

LA FIDÉLITÉ AU DUC

Après la victoire de Hastings (1066), **Guillaume le Conquérant**, duc de Normandie, devient roi d'Angleterre. Si cet événement ne trouble en rien la tranquillité des insulaires, il n'en va pas de même des rois de France, inquiets de voir ce puissant voisin asseoir son influence sur le continent.
Il faudra attendre 1204 pour que la Normandie soit reconquise, aux

dépens d'un lointain descendant de Guillaume, le roi d'Angleterre et duc de Normandie, un certain **Jean sans Terre**. Les citoyens des îles Anglo-Normandes sont alors confrontés à un choix cornélien : demeurer Normands et donc dépendre du roi de France, ou jurer fidélité à leur duc. Ils choisissent cette dernière option et en seront récompensés : soucieux de ne pas voir les insulaires demander leur rattachement à la France, Jean sans Terre leur accorde en 1213 nombre de privilèges (notamment en matière de commerce et d'impôts, sans parler du droit à s'autogouverner) que ses successeurs perpétueront par des chartes royales. D'où le statut original dont les insulaires bénéficient encore aujourd'hui : si leur souverain est toujours le monarque britannique en tant qu'héritier des ducs de Normandie, c'est à titre personnel. Autrement dit, les habitants de l'archipel ne font pas partie du Royaume-Uni, et le Parlement comme le Premier ministre anglais n'ont aucun pouvoir sur les îles. Celles-ci sont organisées en deux bailliages *(voir p. 128)*.

MENACES FRANÇAISES

Le royaume de France devient pour les îles une menace, d'autant que la guerre de Cent Ans fait rage. Les habitants fortifient leurs côtes avec bastions et autres redoutes, ce qui n'empêchera pas **Bertrand Du Guesclin** de débarquer à Jersey en 1373. Le connétable s'empare du château de Grosnez et met le siège devant la forteresse de Mont-Orgueil à Gorey. Mais l'arrivée d'une flotte anglaise l'oblige à quitter les lieux. La mésaventure du célèbre guerrier n'empêche pas les escarmouches de reprendre. Les Français parviennent même à occuper Jersey entre 1380 et 1382, puis à nouveau entre 1461 et 1468, en mettant à profit la guerre de dynastie des Deux Roses. Le vice-amiral **Richard Harliston** reprend alors l'île pour le compte du roi d'Angleterre, même s'il se murmure qu'il se serait bien vu à la tête de l'archipel.

Un oubli volontaire ?

Selon les dires de certains, l'indépendance des îles Anglo-Normandes ne serait pas tout à faite fortuite, et voici pourquoi. Au 13ᵉ s., les îles représentaient deux des onze bailliages du duché de Normandie. Par une charte datant de 1200, ***Jean sans Terre*** *avait accordé à un certain* ***Pierre des Préaux*** *le titre de « dominus insularum » (seigneur des îles). Or, ce même gentilhomme fut chargé de rédiger et signer le traité rattachant la Normandie à la Couronne de France. Soucieux de préserver ses intérêts, Pierre des Préaux se serait alors gardé de mentionner dans ledit traité les deux bailliages qu'il considérait comme son bien personnel. Et Philippe Auguste ne se doutant de rien, les îles Anglo-Normandes auraient ainsi acquis leur statut si particulier...*

Corsaires et flibustiers

En 1483, le pape **Sixte IV** déclare les îles Anglo-Normandes terre neutre, permettant ainsi à leurs habitants de commercer librement, même en temps de guerre. Cela n'empêchera pas les Anglais de continuer à fortifier l'archipel. Ainsi, au 16e s., la reine Élisabeth Ire charge l'ingénieur **Paul Ivy** d'agrandir et reconstruire le Castle Cornet à Guernesey, et de lancer la construction de l'Elizabeth Castle à Jersey.
Attisé par l'immigration forcée de nombre de huguenots français à partir de 1572, l'anglicanisme commence à se répandre dans les îles qui dépendaient jusque-là, sur le plan spirituel, de l'évêque de Coutances.

PARLEMENTAIRES ET ROYALISTES

La **révolution anglaise** (1641-1658) va diviser les insulaires. Jersey soutient le roi Charles Ier et offre même un refuge au prince héritier, le futur Charles II, après la défaite de ses partisans, au point de le reconnaître comme roi dès l'annonce de l'exécution de son père (1649), onze ans avant la Restauration. Guernesey s'enflamme en revanche pour le parti parlementaire qui soutient **Cromwell**.
Demeuré fidèle au roi, le gouverneur de l'île de Jersey, **sir George de Carteret**, se réfugie dans sa résidence de Castle Cornet où il résiste à un siège de neuf ans ! Il sera récompensé de sa fidélité par des terres en Amérique octroyées par le roi en 1564, entre les fleuves Hudson et Delaware : le futur État du **New Jersey**. Bon prince, Charles finira par pardonner en 1677 à Guernesey sa « trahison ».

ESSOR MARITIME

En 1713, après plus d'un siècle d'escarmouches entre Anglais et Français, le **traité d'Utrecht** accorde définitivement Terre-Neuve aux Britanniques. Les marins insulaires se lancent alors dans l'aventure de la **pêche à la morue**, dont les bancs abondent dans les eaux de ces mers lointaines. Après avoir fait sécher leurs prises, ils vont les vendre dans les comptoirs établis sur la côte américaine, puis poursuivent jusqu'aux Caraïbes pour remplir leurs cales d'épices, de bois et de sucre. Ces richesses sont échangées en Espagne et au Portugal contre du vin et des agrumes. Les quelques fortunes rondelettes que ce négoce a permis d'amasser se sont traduites par de superbes demeures, toujours visibles aujourd'hui sur les îles.
Autre moyen de faire fortune rapidement : la **course**. À la différence du pirate, le corsaire est censé ne s'attaquer qu'aux navires ennemis, et est autorisé à conserver en guise de butin une partie de leur cargaison. Comme l'état de guerre était quasi permanent, d'autres fortunes conséquentes fleurirent dans les îles… et ne firent que croître et embellir grâce à la

contrebande pratiquée sans état d'âme sur les produits confisqués (cognac, tabac, parfum, dentelles...). Le gouvernement anglais levait des taxes sur ces produits pour financer ses guerres, et ils étaient revendus sous le manteau dans les ports du Sud de l'Angleterre.
Autre source de revenus, particulière-ment rémunératrice : l'industrie du **tricot**. Hommes et femmes tricotaient de concert tant à Jersey qu'à Guernesey, allant jusqu'à en faire leur unique occupation. Au 17e s., on dut promulguer une loi interdisant à quiconque de tricoter pendant les moissons et la récolte du vraic !

LA BATAILLE DE JERSEY

Ces richesses ne pouvaient qu'attirer la convoitise des Français. C'est ainsi que dans la nuit du 5 au 6 janvier 1781, un aventurier, **Félix Macquart**, par ailleurs baron de Rullecourt, débarque à Jersey à la tête d'une petite troupe, et ce, avec l'accord plus ou moins tacite du roi de France. Il espère prendre possession des lieux sans trop de difficultés et pénètre dans St Helier. Mais c'était sans compter sur le commandant de la milice de Jersey, le major **Francis Peirson**. Celui-ci rallie les habitants de la ville et attaque les intrus dans Royal Square. Cet épisode, connu sous le nom de **bataille de Jersey**, dure une petite dizaine de minutes et se solde par la déroute des envahisseurs, au prix de la mort de l'héroïque major et du baron. Dernière bataille à s'être déroulée sur le sol britannique, ce fait d'armes est commémoré chaque année avec éclat, car il symbolise la farouche volonté d'indépendance des insulaires. L'affaire est suffisamment prise au sérieux pour que l'île se dote d'un ensemble défensif composé de 32 **tours Martello** (d'une déformation du nom de la pointe Mortella en Corse, où les Génois avaient implanté un ouvrage défensif qui servit de modèle aux Jersiais).
Tout ceci ne les empêche pas d'accueillir des proscrits : d'abord des nobles ou prêtres venus de France pour fuir la guillotine sous la Terreur ; puis, un peu plus d'un demi-siècle plus tard, d'autres réfugiés contraints à l'exil après les révolutions de 1848. Parmi eux, des Polonais, puis des Français, opposants au coup d'État de Louis Napoléon Bonaparte. Au premier rang de ces derniers figure un hôte illustre, **Victor Hugo**, qui séjournera plus de vingt ans à Jersey, puis à Guernesey (*p. 146*).

Le seigneur de Sercq

Hélier de Carteret *reçoit l'île de Sercq, jusque-là un repaire de naufrageurs, comme fief royal en 1565, sous réserve d'y installer une colonie de 40 hommes, chacun installé sur un domaine, la « tenure ». De nos jours, la moitié des habitants de l'île descendent toujours de ces lignées, et depuis 1974, le 23e seigneur de Sercq,* ***Christopher Beaumont****, perpétue la tradition.*

Une identité à préserver

Sous un afflux toujours croissant de visiteurs et de résidents étrangers, pour la plupart britanniques, les îles Anglo-Normandes se voient aujourd'hui confrontées à la double et paradoxale nécessité de continuer à se développer sans pour autant perdre leur âme. Ce phénomène d'anglicisation puise ses racines dans l'histoire. Officiers britanniques démobilisés après la fin des guerres napoléoniennes, ouvriers irlandais embauchés pour pallier le manque de main-d'œuvre, puis touristes après la mise en service d'une ligne de vapeurs régulière entre Weymouth et Jersey, en 1827 : tous ont contribué d'une façon ou d'une autre à l'érosion des traditions. Dialectes normands uniques, le jèrriais, le dgèrnesiais, l'auregnais et le sercquiais ont peu à peu cédé du terrain au profit de l'anglais. Celui-ci a pris pied dans l'enseignement en 1870, devenant langue officielle des Parlements en 1901. En 1928, les îles ont adopté la monnaie anglaise.

PÉRIODES DE GUERRE

Les habitants des îles payent un lourd tribut à la Première Guerre mondiale, avec la mort de plusieurs centaines d'entre eux dans les tranchées du Nord de la France. La **Seconde Guerre mondiale** provoqua un véritable traumatisme parmi la population. Démilitarisées et déclarées neutres, les îles sont néanmoins occupées dès juin 1940 par les troupes allemandes, après avoir été bombardées, les autorités anglaises ayant oublié d'avertir l'ennemi de la situation. Ce seront les seules terres relevant du roi d'Angleterre à avoir été envahies. Aurigny, évacuée de ses habitants, est transformée en camp de concentration (*p. 69*), tandis que la dame de Sercq, **Sibyl Hathaway**, 21e seigneur de l'île, doit composer avec une garnison allemande, tout comme la population, dans l'impossibilité d'offrir une résistance autre que passive.

La période la plus dure de cette occupation survient après le 6 juin 1944 : les îles sont alors coupées du monde et leurs habitants, tout comme les occupants, littéralement affamés en dépit des quelques missions menées par la Croix-Rouge. Il faudra attendre le 9 mai 1945, au lendemain de la capitulation du régime hitlérien, pour qu'elles soient libérées, sans résistance, par les Anglais. Cette triste époque a marqué les esprits, comme on peut le constater en visitant les nombreux musées qui lui sont consacrés.

L'ÈRE DE LA PROSPÉRITÉ

Depuis lors, les îles Anglo-Normandes se sont dotées d'une nouvelle Constitution (1948). Elles ont également résolu d'importants problèmes de territorialité, tel le

Coupés du monde

*Difficile d'imaginer aujourd'hui le sentiment d'abandon que durent éprouver les habitants des îles Anglo-Normandes de 1940 à 1945. Durant cette sombre période de l'histoire, ils subirent non seulement les affres de l'Occupation, mais furent aussi contraints de vivre dans un isolement total. Privés de journaux et de liaisons téléphoniques, ils ne reçurent pendant cinq ans aucune nouvelle de leurs enfants évacués vers l'Angleterre... S'il y eut peu de cas avérés de collaboration active, la résistance se résuma, par la force des choses, à quelques actes isolés de sabotage, d'autant que la plupart des insulaires en âge de combattre s'étaient engagés dans les forces britanniques. Certains habitants furent déportés à cause de leurs origines juives et d'autres, en 1942, parce qu'ils n'étaient pas nés dans les îles. Le sort des insulaires s'aggrava encore après le débarquement en Normandie des Alliés en juin 1944. Aussi affamés que les populations occupées, les Allemands n'étaient plus en mesure d'assurer le ravitaillement de leurs propres troupes... Pour se faire une idée de l'atmosphère qui régnait alors sur les îles, lire le roman « Le Cercle littéraire des amateurs d'épluchures de patates » (**p. 134**).*

rachat de Herm (louée depuis 1890 à un prince allemand) à la Couronne britannique en 1946, suivi de son rattachement la même année au bailliage de Guernesey. En 1953, une décision du tribunal de La Haye accorda aux Jersiais les archipels des Minquiers et des Écrehous, objets de vives tensions entre les pêcheurs locaux et leurs confrères du Cotentin. Il faudra attendre juillet 2000 pour que leurs zones respectives de pêche soient enfin définies.

Les îles Anglo-Normandes ont aussi retrouvé leur prospérité, notamment grâce aux pommes de terre et à la variété locale, la *Jersey Royal,* massivement exportée vers la Grande-Bretagne. Le tourisme a ensuite pris le relais. Mais l'essor économique est très largement dû à leur statut de **« paradis fiscal »** qui a attiré nombre d'établissements financiers et de Britanniques fortunés, soucieux d'échapper aux taux d'imposition de leur terre natale.

Le cas le plus emblématique à cet égard est celui des richissimes **frères Barclay**, qui après s'être offert l'îlot de Brecqhou (dépendant de Sercq), ont milité activement pour la mutation de la seigneurie en démocratie parlementaire. Ils en ont été pour leurs frais puisqu'aux élections de 2008, tous leurs candidats ont été battus par les propriétaires héréditaires ! En représailles, les Barclay ont fermé les hôtels, restaurants et magasins qui leur appartenaient, entraînant le licenciement de 140 personnes.

L'affaire illustre combien il peut être difficile de préserver ses coutumes et son âme dans un monde en pleine mutation, mais aussi la détermination des habitants à lutter pour leur indépendance, comme l'a montré leur refus d'adhérer à l'Union européenne en 1992...

Célèbres insulaires

Au premier rang des célébrités insulaires, il faut citer le major, **Francis Peirson** (1747-1781), commandant de la milice qui se sacrifia pour repousser l'invasion française de Jersey en 1781 : son nom est vénéré dans toute l'île et symbolise la volonté d'indépendance des Anglo-Normands. Plus connue sous son titre de **« dame de Sercq »**, **Sibyl Mary Collins** (1884-1974), épouse Beaumont puis Hathaway, se situe dans cette même lignée farouche : en sa qualité de 21e seigneur de l'île, elle eut à faire face à l'occupant nazi et symbolisa la résistance de ses sujets contre les envahisseurs.

C'est dans un tout autre genre que s'est illustrée Lillie Le Breton, alias **Lillie Langtry** (1853-1929). Courtisée par Oscar Wilde entre autres, devenue l'égérie du prince de Galles, elle fut portraiturée par Edward Burne-Jones et le peintre mondain **John Everett Millais** (1829-1896), un compatriote, puisqu'il appartenait à une vieille famille de Jersey. Cette ravissante jeune femme finit sa carrière sur les planches, et même devant la caméra (au temps du muet), avant de se retirer à Monte Carlo.

Enfin, le plus grand écrivain des îles est un Guernesiais, **Gerald Basil Edwards** (1899-1976), dont l'unique roman, *Sarnia,* publié après sa mort en 1981, retrace la vie d'un pêcheur et cultivateur de tomates, philosophe à ses heures, de la fin du 19e s. aux années 1960. Ce livre est aujourd'hui considéré comme un classique et le grand roman de Guernesey.

UNE DIASPORA

Connaissez-vous Joan Le Sueur ? Apprenez donc que, fille d'un Jersiais émigré au Canada au début du 20e s., cette jeune femme s'est rendue célèbre à Hollywood sous le nom de **Joan Crawford**... La famille Le Codey s'enorgueillit quant à elle d'avoir vu un de ses lointains cousins, William Cody, connaître la gloire sous le nom de **Buffalo Bill**. Quant à **Jean Martell**, de St Brelade, il a rendu son nom célèbre en fondant une lignée bien connue des amateurs de cognac.

DES RÉSIDENTS VENUS D'ANGLETERRE...

Du fait de la suzeraineté du roi d'Angleterre sur les îles, nombre d'Anglais célèbres les ont fréquentées au cours de l'histoire. Parmi eux, le fameux chevalier servant de la reine Élisabeth Ire, **sir Walter Raleigh**, qui fut un temps gouverneur de Jersey. Le futur **Charles II** s'y réfugia quelque temps lors de la révolution anglaise, avant de retrouver le trône paternel. Plus près de nous, **Jesse Boot** (1850-1930) s'y maria avec Florence, la fille d'un libraire jersiais (et mourut, plus tard, sur l'île). Cet homme d'affaires, qui reçut le titre de *baronet,* avait pris la tête de l'herboristerie familiale à Nottingham et développé l'affaire

La Patagonie septentrionale

Les Minquiers en Patagonie ? C'était une idée de l'écrivain ***Jean Raspail :*** *en 1998, « une division navale légère de la Flotte de Patagonie a débarqué sur l'archipel anciennement britannique des Minquiers, au sud des îles Anglo-Normandes », afin de proclamer la souveraineté du roi de Patagonie Orélie Antoine Ier sur les lieux. Le canular faisait suite à une précédente « invasion » organisée en 1984 afin de protester contre les revendications anglaises sur l'archipel des Malouines. Cela dit, l'archipel a longtemps fait l'objet d'une contestation territoriale entre la France et l'Angleterre. En mai 1938 déjà, le peintre Marin Marie avait occupé les Minquiers au nom de la France pendant 48h, et c'est en 1953 que la Cour internationale de justice de La Haye attribua les archipels des Minquiers et des Écrehous à la Grande Bretagne.*

avec tant de succès que rares sont les villes du Royaume-Uni qui ne possèdent aujourd'hui une boutique de la chaîne de parapharmacie « Boots the Chemist ». Après sa mort, sa veuve commanda à **René Lalique** le décor de St Matthew's Church (*Millbrook, p. 32)* surnommée l'église de verre.

Le frère cadet du célèbre écrivain Lawrence Durrell, le naturaliste **Gerald Malcolm Durrell** (1925-1995), consacra sa vie aux espèces menacées. Après une enfance passée à Corfou dans une famille excentrique, il se fit embaucher dans une animalerie de Londres pour financer ses études. Plus tard, il fonda le Durrell Wildlife Conservatory Trust, écrivit des ouvrages scientifiques ou autobiographiques pleins d'humour *(Trilogie de Corfou),* puis créa en 1958 le célèbre zoo de Jersey.

Enfin, et même s'il est peu connu chez nous, il faut citer le romancier et dessinateur **Mervyn Peake** (1911-1968) qui, installé à Sercq, y fonda un groupe artistique et, encouragé par la dame de Sercq, y construisit de ses propres mains une galerie d'art.

Enfin, de nos jours, des Britanniques aisés, parfois vedettes de la télévision ou du show-biz, et, pour certains, soucieux d'échapper au fisc de leur pays, se sont établis sur les îles.

... ET DES VISITEURS ILLUSTRES

Parmi les visiteurs français, outre bien entendu Victor Hugo, il faut citer **Pierre Teilhard de Chardin** (1881-1955), qui fit une partie de ses études chez les jésuites à Jersey (1901), alors que les lois de la République contraignaient les religieux à l'exil.

Pour des raisons plus paisibles, le peintre **Pierre-Auguste Renoir** (1841-1919) a lui aussi séjourné quelques semaines à Guernesey à la fin de l'été 1883 : il en rapporta une quinzaine de toiles, la plupart inspirées par la baie du Moulin-Huet et ses plages.

Le proscrit de Guernesey

C'est le 1er août 1852 que **Victor Hugo** embarque à bord du *Ravensbourne* dans le port d'Anvers. Depuis le 12 décembre 1851, le poète est en Belgique où il a dû s'exiler pour échapper à la police de Louis Napoléon Bonaparte. Le 5, après un passage à Londres, il débarque à **Jersey** où sa famille l'attend. Pourquoi Jersey ? Parce qu'il ne parle pas un mot d'anglais et parce que, depuis les côtes, il peut apercevoir le littoral de sa patrie chérie.

Hugo est rapidement séduit par l'île, « un bouquet trempé par l'Océan, qui a le parfum de la rose et l'amertume de la vague ». Après s'être installé à Marine Terrace, sur la grève d'Azette, le poète multiplie les excursions, les baignades, les cavalcades sur la plage. Il travaille et poursuit ses activités politiques en compagnie d'autres proscrits, malgré l'étroite surveillance du vice-consul de France. Il s'initie aussi au spiritisme, qui va devenir une véritable passion. Mais la violence de sa lettre ouverte à la reine Victoria, publiée dans un journal édité à St Helier, suscite l'indignation des insulaires et entraîne son expulsion de l'île le 31 octobre 1855.

Il traverse alors le bras de mer jusqu'à **Guernesey** où il s'installe à l'hôtel, avant de dénicher à St Peter Port une maison dont on dit qu'elle est hantée. C'est la fameuse Hauteville House, qui domine le port et d'où il peut apercevoir « tout l'archipel de la Manche » (*Dans les pas de Victor Hugo, p. 43*). La maison et son mobilier sont décatis, et l'argent se fait rare. Heureusement, le succès des *Contemplations* vient renflouer les comptes. Victor Hugo va alors faire de la demeure une œuvre personnelle, harcelant les brocanteurs, surveillant de près les artisans, dessinant le jardin, pour faire des lieux un « poème en plusieurs chambres ».

Pour autant, Hugo ne néglige pas son œuvre. Il achève *Les Misérables* (1862). Il rédige aussi *Les Travailleurs de la mer*, qui se déroule à Guernesey. Dans son *look-out* où il écrit debout, face à la mer, tout en continuant d'explorer l'île et en poursuivant son combat politique. Farouche, il refuse l'amnistie accordée par l'empereur le 16 août 1859 : « Quand la liberté rentrera, je rentrerai », s'exclame-t-il avec superbe. Il s'accorde quelques voyages en Europe, mais boude obstinément la France. Et lorsque sa femme Adèle meurt à Bruxelles (1868), il accompagne son corps jusqu'à la frontière, sans aller au-delà. Alors qu'il venait de planter dans son jardin le gland du « chêne des États-Unis d'Europe », la guerre de 1870 éclate et tourne à la catastrophe pour Napoléon III. Le poète rentre à **Paris** le 5 septembre 1870, accueilli à la gare du Nord par une foule énorme. Fin de l'exil. Hugo fera encore quelques séjours dans les îles Anglo-Normandes jusqu'au 9 novembre 1878, date à laquelle il les quittera pour ne plus jamais y revenir.

1802
Victor Hugo

Ruettes, plages et falaises

Non content de sa riche histoire, de son pittoresque patrimoine bâti et de ses musées, l'archipel anglo-normand offre au regard du visiteur des plages sauvages, de sympathiques chemins de campagne et des villages de charme d'où se dégage une impression de quiétude et d'harmonie. Son littoral est une invitation à la découverte d'une nature préservée.

L'ÎLE AUX FLEURS

Côté terre

Sa nature exubérante a valu à **Jersey** le surnom mérité d'« île aux fleurs ». Sillonnée par d'étroites routes bordées de murets et par des « voies vertes » *(green lanes)* où piétons et cyclistes ont priorité sur tout véhicule motorisé, l'île est un enchantement pour les amateurs de tourisme vert. Ce ne sont que champs encadrés de haies d'arbres et routes ombragées par les frondaisons fleuries en saison. La végétation prend parfois des accents méditerranéens, comme par exemple les coteaux dominant la baie de St Brelade, véritable Riviera.

Il faut venir au printemps pour admirer l'explosion de fleurs sauvages, lys ou orchidées qui illuminent la campagne, et des fleurs qui poussent dans des jardins entretenus avec amour.

Côté mer

Le littoral, en grande partie protégé par le Jersey National Park *(jerseynationalpark.com)*, surprend par la variété de ses paysages : au sud, ce sont de larges baies abritées et paisibles, comme la superbe baie de St Aubin, propice à la baignade et qui prend toute sa splendeur lorsque, à la nuit tombée, un « chemin de lumière » blanc vient en souligner le contour. Mais les paysages lunaires de la baie de St Clement, hérissée de récifs, et à l'ouest, la baie de St Ouen, exposée à tous les vents, permettent de réviser ce jugement. Percées de grottes et de gouffres (Devil's Hole, notamment), parfois interrompues par d'étroites baies, les falaises spectaculaires du nord de l'île, avec leurs à-pics plongeant verticalement dans la mer (où les moutons n'hésitent pas à s'engager), donnent une tout autre image...

L'ÎLE VERTE

À **Guernesey**, ce sont des « **ruettes** tranquilles » qui sillonnent une campagne tout aussi belle que celle de Jersey, mais peut-être un tantinet plus sauvage, et donc plus authentique (où les lapins ne sont pas rares). Il reste encore nombre de serres qui ont fait jadis la richesse de l'île, à l'époque où la tomate était devenue une industrie mais le promeneur a plus l'impression de se balader en pleine nature que dans un jardin (fût-il à l'anglaise).

Assez vallonnée (la petite vallée de St Saviour, en contrebas de l'église du village, déroule un paysage aussi lilliputien qu'enchanteur), l'île est dotée de côtes moins accueillantes que celles de Jersey. Falaises, caps et promontoires (Jerbourg Point, Pleinmont Point) se succèdent au sud, enserrant des baies assez lumineuses pour avoir inspiré la palette de Renoir (Moulin Huet Bay). Les grandes plages sont réservées aux côtes ouest (Rocquaine Bay) et nord, avec Côbo Bay, parsemée de rochers de granit rose : au coucher du soleil, lorsque les rayons déclinant viennent caresser les reliefs, le spectacle est incomparable !

DEUX ÎLES HORS DU TEMPS

Parcourue par une arête centrale sur laquelle se juche le seul hameau de l'île, **Herm** se distingue par deux côtes très différentes : au nord, des plages de sable ou de coquillages ; au sud, des falaises entrecoupées de minuscules criques (comme l'adorable Beaumont Bay), et longées par un sentier côtier ménageant de superbes vues sur les autres îles et sur des îlots rocheux. Une végétation quasi méditerranéenne, entretenue avec d'autant plus de soin qu'elle fut implantée de toutes pièces sur les lieux dans les années 1950, fait de l'île un véritable jardin.
Plus grande, **Sercq** est tout aussi idyllique. Cette île « double » se compose de la Petite et de la Grande Sercq, reliées entre elles par un isthme spectaculaire, la Coupée, qui résume à lui seul la façon abrupte dont les falaises plongent dans la mer. Il suffit de parcourir Sercq à vélo pour se rendre compte que l'île est plus vallonnée qu'il n'y paraît.

L'ÎLE SAUVAGE

Exposée à tous les vents et battue par les flots, **Aurigny** offre au visiteur des paysages d'une austère grandeur. Pour apprécier toute la beauté de ces landes où affleure parfois le rocher, mieux vaut les découvrir sous un ciel gris, lorsque les vagues se précipitent sur le brise-lames... La côte n'est que falaises déchiquetées, laissant parfois place à des baies où se niche une plage de sable fin. Au large d'Aurigny, des îlots rocheux accueillent ici et là des colonies d'oiseaux de mer qui font la joie des nombreux *birdwatchers* rivés à leurs jumelles. Parmi ces îlots, celui des Étacs, entièrement recouvert de fientes d'oiseau, se reconnaît à sa couleur blanche.

Une faune variée

Si la faune sauvage terrestre se limite pour l'essentiel aux lapins (assez nombreux) et au plus discret hérisson blond d'Aurigny, les îles se révèlent en revanche un véritable paradis pour les amateurs d'oiseaux : pas moins de cent espèces, endémiques ou migratoires, y ont été recensées. Aurigny abrite notamment d'importantes colonies de fous de Bassan. On y observe aussi des fulmars et des guillemots. Riches en faune aquatique, les eaux de l'archipel offrent quant à elles aux plongeurs l'occasion d'observer phoques, dauphins et marsouins.

Escales gourmandes

Ni tout à fait anglaises, ni plus tout à fait françaises, les îles Anglo-Normandes offrent au visiteur une riche palette de saveurs. Les produits locaux, dont le label **Genuine Jersey** garantit la provenance, sont à l'honneur dans les assiettes qui accordent souvent aux produits de la mer une place privilégiée. Parmi les productions vedettes, le « Big Four » de Jersey compte ainsi la pommes de terre primeur Jersey Royal, le homard, la vache jersiaise et les huîtres. Les îles regorgent d'hôtels-restaurants, de pensions de famille, de pubs, de cafés et de petits kiosques en bord de mer. Vous y dégusterez des spécialités locales ou exotiques (thaï, indien...), et succomberez peut-être à la cuisine simple et robuste de brasserie. À moins que vous ne vous laissiez tenter par une cuisine plus élaborée répondant à la curiosité actuelle des Britanniques pour l'art culinaire, comme en attestent la Tennerfest et les **Jersey Food Festival** et **Guernsey Food Festival**, rendez-vous annuels de la gastronomie anglo-normande...

UNE CUISINE DE LA MER...

Les amateurs de **fruits de mer** seront comblés dans les îles. Homards, langoustes, crabes, moules, abondent sur les tables et sont souvent proposés en de somptueux plateaux de fruits de mer. Le **crabe** fait l'objet d'un engouement particulier : le moindre *beach cafe* sert des sandwichs au crabe. Il faut aussi goûter aux **coquilles Saint-Jacques** *(scallops)* de la baie de Bouley, parfois servies avec de la mousseline de pommes.

Voisin de l'ormeau, l'**ormer**, appelé aussi « oreille de mer », fut longtemps le mets préféré des insulaires. Comme il se fait de plus en plus rare, la récolte en est réglementée *(voir p. 132)* et une ferme d'élevage a été créée à Jersey. Vous le dégusterez cuisiné au four dans une cocotte avec des lardons, des carottes et des oignons : un régal !

Parmi les **huîtres**, la petite noisette de Jersey, qui est en train d'acquérir une belle réputation, est commercialisée dans certains restaurants.

Consommée à l'âge d'un an, elle séduit à la fois par sa couleur et son goût fin et délicat mêlant l'iodé et le sucré. Mais vous trouverez surtout des huîtres plus traditionnelles, notamment celles provenant de la baie de Grouville. Enfin, les **moules** sont omniprésentes, tout comme les traditionnels *fish & chips*.

Les **poissons** sont bien entendu à l'honneur dans la plupart des restaurants. Le loup (souvent accommodé à l'orientale, c'est-à-dire cuit à la vapeur et aromatisé au gingembre, à l'ail et aux oignons nouveaux) est fréquent, de même que la sole, la barbue et le turbot. Quant au congre, il est préparé en soupe *(conger soup)* accommodée avec des pétales de soucis.

GENUINE JERSEY PRODUCE
FO
HERE
GARDEN MATTERS
Garden renovation & tree surgery
• All aspects of garden maintenance
• Tree felling & stump removal
• Tree reduction & re-shaping
• Seasoned logs for sale
Office: 01534 625623
Mobile: 07797 827298
Email: joelfreire@gmail.com

... MAIS PAS SEULEMENT

Pour autant, les insulaires apprécient également la viande. Celle-ci est parfois servie en grillades (bœuf, mouton ou volailles). Elle est volontiers relevée d'herbes aromatiques cultivées dans les potagers, et accompagnée des trois légumes de rigueur, tradition oblige, à moins qu'elle ne soit apprêtée en ragoût à la bière en croûte *(steak and ale pie),* ou servie sous forme de hachis Parmentier *(cottage pie).*
Plus roboratif, le *bean crok* (Jersey) et le *bean jar* (Guernesey), version insulaire du cassoulet, sont des ragoûts à base de haricots blancs, d'oignons et de pieds de porc mijotés au cidre.
Vous profiterez également des légumes de la ferme, à commencer par la **Jersey Royal**, pomme de terre nouvelle, servie assaisonnée de beurre et d'herbes aromatiques. Pensez aussi aux produits laitiers qui, sous forme de crème ou de beurre, agrémentent nombre de plats...

EN DESSERT

Ne manquez pas les **boudelots** (pommes cuites avec une pâte épicée), ni les « merveilles » ou **Jersey wonders**, beignets sucrés, équivalent des *doughnuts* anglais. Il est de tradition de les préparer à la marée

T. Graham/Alamy/hemis.fr

Le vignoble de La Mare Wine Estate (Jersey).

Dans les secrets du « beurre noir »
Voilà une découverte culinaire qui porte mal son nom. Le « beurre noir » (« niere buerre ») ressemble en effet davantage à de la gelée qu'à un produit laitier. Pas étonnant : il est conçu à partir de cidre local, laissé à réduire pendant de longues heures, avant d'y ajouter des pommes, du sucre, du citron, de la réglisse et des épices. La production de ce beurre noir très apprécié suit chaque année la récolte hivernale. Au-delà d'un souvenir original à rapporter, c'est une expérience gastronomique. Le beurre noir s'étale volontiers sur un scone, relève un cheesecake ou apportera une note sucrée à un plateau de fromages.

descendante, faute de quoi l'huile de friture déborderait. Moins originales, mais tout aussi bonnes, les **glaces**, préparées avec du lait local, et sur lesquelles on fait couler parfois un peu de **miel** de Guernesey, font l'orgueil des insulaires.
Il faut aussi goûter au **black butter** ou « buèrre nière » (beurre noir), qui se déguste, selon la coutume, en automne, même si l'on en trouve désormais toute l'année : il s'agit d'une sorte de confiture noire préparée à base de pommes, de sucre, d'épices variées, de réglisse et de citron, qu'on a laissé mijoter de longues heures.

ET COMME BOISSON ?

Les îles furent longtemps réputées pour leur **cidre** (goûtez à celui très prisé de Rocquettes à Guernesey), mais la production locale n'est plus aujourd'hui que résiduelle, même si elle semble reprendre un peu.
Les amateurs de **bière** seront comblés et ne manqueront pas de goûter à la production des brasseries locales (Randall) de Jersey et de Guernesey. Quant à ceux qui préfèrent le **vin**, on leur proposera des vins importés (souvent chiliens, australiens ou néo-zélandais), mais il serait dommage, ne serait-ce qu'une fois, de ne pas encourager la production locale : un petit vin blanc élevé dans le seul vignoble des îles, la Mare Wine Estate, à Jersey *(voir p. 36)*.

À L'HEURE DU THÉ

Tout comme le roboratif petit-déjeuner *(breakfast)* qui vous a permis d'entamer la journée d'un bon pied, l'heure du thé est une pause agréable et gourmande en milieu et en fin d'après-midi. Laissez-vous donc tenter par le **cream tea** accompagné de **scones** que l'on couvre d'une généreuse couche de beurre, de confiture maison ou de *black butter (voir encadré ci-dessus)*, ainsi que de **clotted cream**, sorte de crème caillée, fraîche et très épaisse, ou bien de la **gâche de Guernesey** (appelée aussi *tea bread*), une brioche aux fruits secs que l'on recouvrira elle aussi d'une couche de beurre. À cela, vous ajouterez quelques sandwichs au crabe ou au concombre, et différentes pâtisseries. Bon appétit !

Q

R

S

T

U

V

W

Collection sous la direction de Philippe Orain

Responsable d'édition et rédactrice en chef du guide : Catherine Guégan

Secrétaire d'édition Catherine Girard

Rédaction Jérôme Bouin, Serge Guillot, Céline Chaudeau, Françoise Klingen, Pierre Plantier, Irène Lainey, Catherine Brett

Remerciements Pascale Bousquet ; Valérie Kugler, Agence L'Esperluette ; Anne-Isabelle Boulon, Sophie Jeantils

Ont contribué à ce guide Altiplano, Theodor Cepraga, Ecaterina-Paula Cepraga, Costina-Ionela Lungu (**Cartographie**), Véronique Aissani, Carole Diascorn, Theodor Cepraga (**Couverture**), Marion Capéra, Sophie Roques, Margot Santraine, Marie Simonet (**Iconographie**), Andra Ostafi (**Données objectives**), Bogdan Gheorghiu, Cristian Catona, Hervé Dubois, Pascal Grougon (**Prépresse**), Dominique Auclair (**Pilotage**)

Plans de ville : © MICHELIN et © 2006-2018 TomTom.
All rights reserved.

Conception graphique Laurent Muller (couverture et maquette intérieure)

Régie publicitaire et partenariats business-solutions@tp.michelin.com
Le contenu des pages de publicité insérées dans ce guide n'engage que la responsabilité des annonceurs.

Contacts Vous souhaitez nous contacter ?
Envoyez-nous un email à l'adresse : tourisme@tp.michelin.com

Parution 2021

Crédits photographiques p. 4-5
(de gauche à droite et de haut en bas)

J. Arnold Images/hemis.fr
R. Strange/World Pictures/age fotostock
J. Arnold Images/hemis.fr
Uwe Moser/iStock
Zoonar.com/Ch. Smith/ ZOONAR GMBH LBRF/age fotostock
Geography Photos/UIG/Universal Images Group/age fotostock
Flpa/hemis.fr
SIME/R. Schmid/Sime/Photononstop
J. Arnold Images/hemis.fr
B. Rieger/hemis.fr

Michelin Travel Partner
Société par actions simplifiée au capital de 15 044 940 EUR
27 Cours de l'Ile Seguin - 92100 Boulogne Billancourt (France)
R.C.S. Nanterre 433 677 721

Dépôt légal : 01-2021 – ISSN 0293-9436
Compograveur : Michelin Travel Partner, Voluntari (Roumanie)
Imprimeur : Estimprim, Autechaux
Imprimé en France : 01-2021

Usine certifiée 14001
Sur du papier issu de forêts bien gérées